¡Despertad Hijos!

Volumen 6

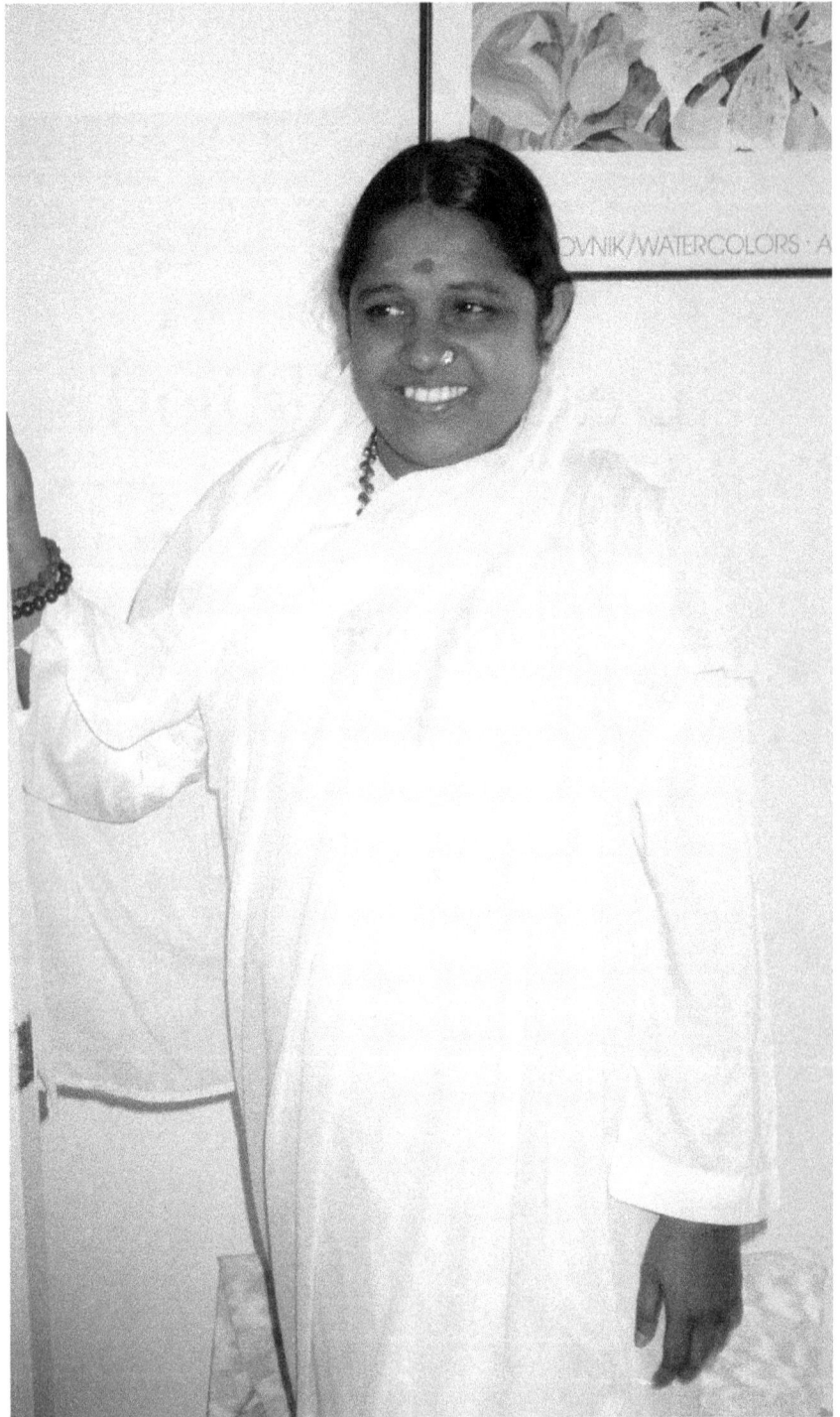

¡DESPERTAD, HIJOS!

Volumen 6

Diálogos con Sri Mata Amritanandamayi

Mata Amritanandamayi Center, San Ramon
California, Estados Unidos

¡Despertad Hijos! — Volumen 6
Adaptación de Swami Amritaswarupananda

Publicado por:
Mata Amritanandamayi Center
P.O. Box 613
San Ramon, CA 94583
Estados Unidos

———————— *Awaken Children 6 (Spanish)* ————————

Primera edición por MA Center: septiembre de 2016

En España: www.amma-spain.org

En la India:
    inform@amritapuri.org
    www.amritapuri.org

Este libro se ofrece humildemente a
los pies de loto de
Sri Mata Amritanandamayi
la inmanente luz que brilla
en el corazón de todos los seres.

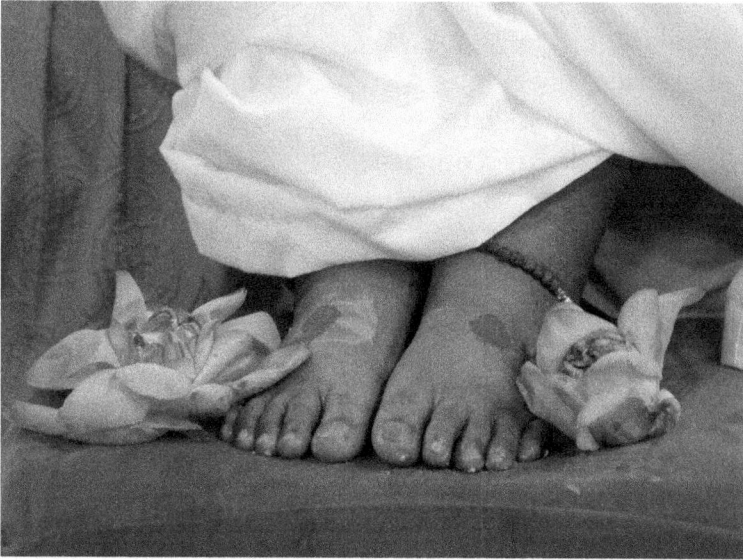

*Shoshanam pâpapankasya dîpanan jñânatejasâm
Guru pâdôdakam samyak, samsârârnava târakam*

El agua bendita que ha lavado los pies del Gurú, elimina los
pecados, enciende la Lámpara del Conocimiento y nos ayuda a
cruzar el océano de la transmigración.

*Ajñâna mulaharanam janmakarma nivâranam
Jñâna vairâgya siddhyartham gurupâdôdakam pibet*

Destruye la ignorancia del Ser, pone fin al renacimiento y a las
acciones que son su causa. Debería beberse el agua bendita de
los Pies del Gurú para obtener la Iluminación y el Desapasiona-
miento.

Contenidos

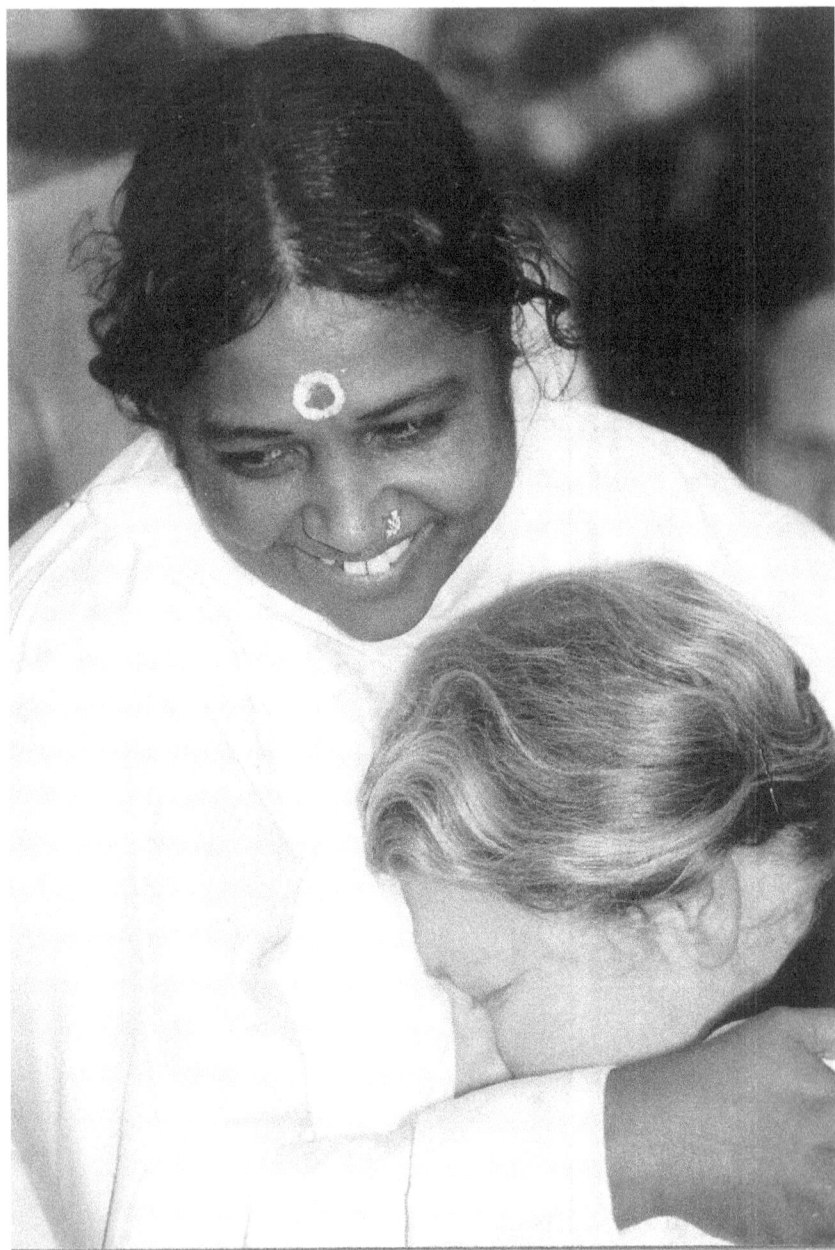

Capítulo 1

El ashram de Amritapuri está situado en una estrecha península de la costa suroeste de la India.

Limitado a un lado por el Mar Arábico y al otro por los famosos canales de Kerala, el ashram de Amma goza de gran popularidad entre los que a diario se pasean por estas aguas. En sus comienzos, en 1981, el ashram no era más que una pequeña extensión de tierra que pertenecía a la familia de Amma. Allí donde hoy se encuentra el colorido templo cuya torre se eleva entre los cocoteros y donde cientos de devotos y discípulos viven permanentemente, tan sólo había unas cabañas situadas cerca del pequeño templo que aún se mantienen en pie y en las que se acomodaban unos cuantos residentes.

Estos disfrutaban de muy pocos lujos y distracciones en aquellos días, pero a nadie le preocupaba; la mera presencia amorosa de la Madre Divina (Amma) creaba un cielo seguro y sólido.

Una gran sanadora de corazones

Lunes, 16 de julio de 1984

Un enfermo mental llegó al ashram escoltado por su familia. No cesaba de gritar y vociferar. Pasaba constantemente del llanto a la risa. Tan pronto hacía comentarios extraños y contradictorios como salía corriendo sin rumbo, llorando a gritos.

Su mujer y hermano mayor le seguían en todo momento, vigilándole para que no se hiciera daño. Era obvio que el hombre estaba experimentando una profunda agonía mental y un gran dolor. Su familia lloraba de impotencia al no poder aliviar el patético estado del ser querido. Tras haberle sometido a varios tratamientos médicos, su enfermedad persistía.

Después de haber oído hablar de Amma a un pariente lejano, decidieron venir a verla con la esperanza de que ella ayudaría a su hijo. Esta era su primera visita al ashram. Toda la familia aguardó a Amma al pie de la escalera que sube a su habitación. Esperaban que ella llegara pronto, así que sujetaron con fuerza al enfermo para evitar que escapase, mientras éste se reía, lloraba o refunfuñaba. Al fin, Amma bajó. Entre sollozos, la madre y la joven esposa se postraron a sus pies y le rogaron que lo liberara de su dolor. El padre le explicó la historia de su hijo. Al parecer, el joven había perdido una considerable suma de dinero en un negocio con socios sin escrúpulos. Había confiado en ellos y la conmoción que tal pérdida le produjo fue superior a lo que pudo soportar.

Su familia no cesaba de llorar en presencia de Amma. Sin embargo, el joven permanecía sereno. En un momento, éste le dijo: «¿Sabes Amma? Lo he perdido todo. ¿Puedes ayudarme? ¿Puedes salvarme?» Después, se echó a llorar.

Al contemplar su lamentable estado y escuchar las palabras que brotaban del corazón del hombre, los ojos de Amma se llenaron de lágrimas. Consoló a cada miembro de la familia con inmenso amor y compasión y después, volviéndose hacia el enfermo, le frotó la frente y el pecho con el amor y cuidados de una madre hacia su hijo. Colocando la cabeza del joven sobre su hombro, Amma habló: «Hijo, no te preocupes. Relájate. Todo irá bien. Ten paciencia.» La Madre siguió frotándole la espalda por un tiempo mientras le calmaba con dulces palabras.

Amma permaneció unos minutos más con la familia antes de dirigirse al lugar del *darshan*. Sin darles ningún consejo o instrucción en particular, los dejó al pie de la escalera. Ellos se sintieron un tanto aturdidos, pero su confusión se desvaneció enseguida. Justo antes de entrar en la caseta, Amma se dirigió a ellos: «Hijos, esperad hasta que acabe el *darshan*,» les dijo. «Amma os recibirá entonces.»

Mientras duró el *darshan*, la familia aguardó fuera. Durante todo este tiempo, el enfermo se quedó sentado cerca de la caseta, sorprendentemente tranquilo. Su familia se sentía feliz por el cambio.

En cuanto Amma salió del *darshan*, fue directa hacia él, lo cogió de la mano y lo llevó hacia la cara norte del ashram. Era enternecedor verle caminar tras ella, como un niño obediente detrás de su madre.

En un momento, se soltó de la mano de Amma e intentó escapar. De inmediato, Amma lo sujetó. Cuando llegaron a la fuente, Amma envió a alguien a buscar un cubo y una taza y pidió al joven que se sentara. Al principio, este no quiso obedecer pero, una vez más, con sus palabras compasivas y sus amorosas caricias, la Madre logró tranquilizarle y éste se sentó junto al grifo. El hombre dio un brinco e intentó escaparse de nuevo pero, en esta ocasión, Amma lo sujetó con firmeza del hombro y le dijo: «No, mi hijo, no. Siéntate. Cálmate. No te escapes. Esto es por tu bien. Te hará sentirte mejor. ¿No quieres sentirte mejor? ¿No quieres ponerte bueno? Siéntate tranquilamente.» Las palabras de Amma parecían tener un efecto sedante y, enseguida, el hombre se calmó.

En aquel momento, alguien llegó con el cubo y la taza. Amma llenó el cubo y comenzó a echar agua sobre la cabeza del joven. En el rostro de Amma se dibujó una sonrisa resplandeciente, llena de satisfacción. Ella siguió echando agua sobre la cabeza del joven durante un buen rato.

Al cabo de un tiempo, Amma cerró el grifo diciendo: «Ya es suficiente.» Como el hombre seguía sentado, ella le dijo: «Hijo, ya puedes levantarte.» Después de estas palabras, él se puso en pie. Alguien le entregó una toalla a Amma con la que empezó a frotarle la cara, el pecho, y la espalda al muchacho. Volviéndose hacia su familia, que no se habían perdido detalle, Amma dijo: «Cambiadle el *dhoti*, pero no le sequéis el pelo. Que se le seque al aire.»

Los padres del enfermo habían prestado mucha atención mientras Amma estuvo con su hijo. Les había conmovido ver cómo ella se había ocupado de él, cómo se había empapado mientras le duchaba con infinito amor. Cuando se dirigió hacia ellos, éstos se echaron a llorar. Parecía que habían estado conteniendo las lágrimas durante mucho tiempo. Tomándolo entre sus brazos y poniendo sus cabezas sobre su hombro, Amma abrazó a cada uno de ellos y les enjugó las lágrimas.

Las ropas de Amma también estaban mojadas y uno de los *brahmacharis* se lo hizo ver, ante lo cual ella respondió: «No pasa nada. Hubo un tiempo en que la ropa de Amma estaba siempre mojada de llevar agua y masa de arroz para las vacas, de bordear los canales buscando a los patos y de realizar las tareas domésticas. Amma estaba a menudo así. Amma se solía quedar en los canales o bajo la lluvia durante horas. Amma está acostumbrada, no hay ningún problema.» Amma permaneció un rato con la familia y, después de instruirles para que se quedaran en el ashram unos días más, se marchó.

El segundo día, Amma volvió a bañar al hombre. Esta vez, estaba sereno y tranquilo. Ya se podía observar un gran cambio en él.

Este hecho ilustra la humildad y el amor de Amma. Pero hay innumerables ejemplos de su infinita compasión, paciencia y amor.

Hubo un tiempo, a finales de los 70, en el que mucha gente enferma mental acudía al ashram para estar cerca de Amma. Ella se ocupaba de todos, los bañaba, los alimentaba y los cuidaba como si fueran sus propios hijos. Sin embargo, la actitud compasiva de Amma no fue siempre bien aceptada por su propia familia. Su finca era muy pequeña, tan sólo abarcaba un décimo de acre.

Aparte de la casa, el cobertizo de las vacas y un pequeño templo, no había ninguna otra protección contra la lluvia ni el sol. En aquellos tiempos, el terreno estaba rodeado de agua, lo que suponía un peligro para los perturbados que corrían de un lado a otro gritando y vociferando por los alrededores. A veces, incluso alguno de ellos intentaba atacar a Amma. Ella lo soportaba todo con infinita paciencia y seguía sirviéndoles con amor. Al cabo de un tiempo, su padre y su hermano mayor convocaron a los padres y familiares de aquellas personas y les ordenaron que se los llevaran a sus casas. Por un lado, su presencia incomodaba. Por otro, tampoco se les podía dar un alojamiento apropiado. Así que, con mucha tristeza ante su marcha, Amma no puso objeciones pues era muy consciente de que carecía de las instalaciones adecuadas para atenderles y de que causaban muchos inconvenientes a su familia.

Aunque estas personas no pudieran quedarse permanentemente con Amma, surgía un profundo afecto del íntimo contacto que mantenían con ella. Alimentados y bañados por Amma, atendidos por ella como si fuera su propia madre, estos enfermos mentales experimentaban un notable progreso gracias a su amoroso y poderoso cuidado.

Muchas personas han experimentado recuperaciones milagrosas después de recibir la gracia de Amma. Un caso notable es el del leproso llamado Dattan.

Dattan acudía al *Devi Brava darshan* todos los martes, jueves y domingos. Esas tres noches, la Madre seguía una rutina regular: momentos antes de entrar al templo, bailaba en éxtasis sosteniendo una espada en una mano y un tridente en la otra. Moviéndose alrededor del templo, a veces, detenía su danza para bendecir a la gente con un toque de su espada. Dattan se colocaba detrás del templo con varias jarras de agua y una toalla alrededor de la cintura. Amma siempre interrumpía su danza para derramar las jarras de agua sobre la cabeza del leproso. Ella le bañó de esta manera tres veces en una semana, hasta que se curó de su enfermedad.

La vida de Amma ha estado llena de sacrificio, dedicada en todo momento al alivio del sufrimiento de los demás. Como ella misma dice: «Es el deseo sincero de Amma que sus manos estén acariciando y consolando a una persona necesitada en el mismo instante en que ella respire su último aliento, aun cuando ella tenga muy poca energía en su cuerpo.» La inagotable actividad de Amma y su infinita compasión por los demás a lo largo de toda su vida corroboran la sinceridad de sus palabras.

Tras unos meses, el joven enfermo mental y toda su familia regresaron al ashram y contaron que todos los síntomas de la enfermedad habían desaparecido antes de que hubieran llegado a su casa.

Durante su estancia en el ashram, Amma instó al joven a dejar la medicación.

Convencidos de que la curación del joven era un regalo de la gracia de Amma, toda su familia se sentía llena de gratitud y alegría.

Cuando su enfermedad desapareció, el hombre recuperó todo el dinero que había perdido, con el cual montó un negocio propio.

En respuesta a sus sinceras palabras de agradecimiento, Amma dijo sonriendo: «Hijos, ahora que estáis felices y contentos no olvidéis a Dios. Acordaos de Él y rezadle aún en tiempos de felicidad. Normalmente, la gente se acuerda de Dios y reza sólo cuando les duele, como si Dios fuera solamente un quita males. No seáis así. Dejad que el rezo y el recuerdo de Dios forme parte de vuestra vida cotidiana. Amma está con vosotros.»

Aquella noche, todos se reunieron ante el templo para el *bhajan* de la noche. Amma cantó la estrofa principal y todos respondieron a *Devi Saranam*:

Dame refugio, oh, Diosa
Dame refugio
Oh, Madre, cuya divina forma alaban los
Seres celestiales
Oh, Primera Energía Suprema
¡Te saludamos!

Oh, dadora de protecciones
El universo existe dentro de ti
Todo nace de ti
Y es sabido que todo
Acaba por fundirse
Dentro de ti.

Oh, Madre
Postrado a tus Pies
Permíteme orar con toda mi devoción
Porque tan sólo pido una cosa
Que tu pura y refulgente Forma
Resplandezca en mí por siempre
Y que mi boca
No cese de disfrutar
El placer de repetir tu Nombre.

Cada uno de los millones de seres vivos
Son partes del Todo
Son como las olas del océano.
Este universo ha sido diseñado
Para que todos los seres alcancen su Liberación.

Cuando logramos entender
Que nuestra vida no es sino Tú,
Nos desapegamos de este mundo

Como un actor se desprende de su traje
Tras una buena actuación.

Después del *bhajan* de la tarde, Amma permaneció sentada en el porche que hay delante del templo. El canto había transportado a todo el mundo a otro plano y nos sentíamos henchidos de devoción y amor.

Algunos residentes meditaban, mientras que otros permanecían sentados contemplando a Amma, la cual estaba reclinada contra la pared, ajena a este mundo. Tras unos minutos, Amma se levantó de su asiento y se estiró en el suelo. Como atraídos por un poderoso imán, todos se agruparon cerca de ella. Mientras permanecía estirada, Amma alzó las manos y llamó: «*Shivane.*» Acto seguido, todos escucharon cómo Amma decía para sí misma: «Él no puede oírte. Es tan despreocupado, tan despreocupado.» Después, Amma se incorporó y cantó: *Shiva Shiva hara hara.*

Oh, Protector
Destructor de todo lo irreal
Aquel a quien las nubes visten
Oh, el Hermoso
Que está tocando el tambor damaru.

Aquel que sostiene el tridente en su mano
Concediendo valor y favores
Aquel de cabellos ensortijados
Y miembros cubiertos de ceniza.

Aquel engalanado con una guirnalda de cobras
Y un collar de cráneos humanos
Aquel que sostiene la luna creciente sobre su frente
Y cuyos ojos están llenos de compasión.

Oh, Protector
Oh, Destructor
Gran Dios.

Los devotos respondieron con entusiasmo a esta alegre canción. Parecía que hubiera comenzado una segunda sesión de los *bhajans* de la tarde.

Los cantos continuaron por un tiempo y, al terminar, Amma volvió a su estado de ánimo normal.

Uno de los devotos comenzó a hablar de su nieta, quien apenas tenía cuatro años. Señalándola, el hombre dijo: «Amma, esta niña te ama de verdad. Siente una gran devoción por ti. En ocasiones, cubre su cabecita con una tela blanca, entra en la habitación del *puja* y canta *bhajans*, balanceándose hacia delante, hacia atrás y hacia los lados, tal y como lo haces tú. Después del *bhajan*, nos llama a todos y distribuye ceniza sagrada, diciendo que ella es la Madre de Vallikavu. ¡Menuda chiquita!»

Amma pidió a la niña que se acercara y le preguntó: «Querida, cuando crezcas, ¿tendrás tanta devoción como ahora? ¿Serás tan inocente?»

La niña dijo que sí con su cabecita. Obviamente orgulloso de su nieta, el abuelo se emocionó y dijo: «Hija, dile a Ammachi quién es tu madre.» Sin dudar un instante, la chiquita contestó: «Mi madre no es Girijamma (su madre biológica), la Madre de Vallikavu es mi madre.»

«Niña, ¿por qué quieres a Amma?» le preguntó la Madre.

La respuesta de la niña fue inmediata: «Porque Amma es Dios.» Al oír esto, Amma la sentó en su regazo y, juguetonamente, le pidió que cantase un *bhajan*.

Con voz temblorosa, la niña cantó los cuatro primeros versos de *Kamesha vamakshi*

Saludamos a Shakti, la Gran Diosa
Quien es accesible por medio de la devoción
Saludamos a la Semilla, a la Única Verdad,
A la Infinita y Perfecta Conciencia.

Amma estaba tan encantada con la niña que la besó en las mejillas, la meció y ambas se rieron con regocijo. Poco a poco, esta alegría juguetona se fue apaciguando. En la oscuridad, se escuchó el maullido de un gato. «Chakki, ven, Chakki,» llamó Amma. Mirando en dirección al maullido, Amma siguió llamándole: «Chakki, ¿dónde estás? ¡Ven aquí!»

El gato apareció enseguida en el porche. Se dirigió hacia la Madre y comenzó a frotar su cuerpo contra el brazo de Amma. Acto seguido, saltó a su regazo, buscando una manera de enroscarse cómodamente. Como la niña seguía sentada en el regazo de la Madre, los intentos del gato por instalarse allí hicieron reír a todos. Amma observó: «Chakki es muy celoso.» De nuevo, el aire se llenó de risas.

Un *brahmachari* dijo animosamente: «Si los animales sienten celos, ¿por qué nos sorprende que nosotros también los sintamos? Cuando incluso a los animales les encanta estar en el regazo de Amma, Amma no debería negarnos ese placer a nosotros.» De nuevo todos se rieron.

El arte de morir

El ambiente se tornó más solemne cuando uno de los *brahmacharis* preguntó: «Amma ha dicho en varias ocasiones que los *Mahatmas* y las escrituras afirman que deberíamos darnos prisa en realizar al Ser o romper las cadenas que lo mantienen atado al mundo. ¿Qué quiere decir Amma con que debemos darnos prisa?»

Retirando a la niña de su regazo, Amma respondió: «Es la urgencia por conocer a Dios o al Ser. Imaginad que os diagnostican una enfermedad muy grave. Los médicos os dicen que debéis empezar a tomar tal o cual medicina inmediatamente, sin demora. ¿Qué haréis? Intentaréis conseguirla al instante. Tal vez os resulte muy cara, pero no importa el precio. Y si no la tienen en vuestra ciudad, iréis a la siguiente, y si allí tampoco la encontráis, iréis a otra ciudad. Puede que incluso tengáis que ir a otro país para recibir tratamiento o someteros a una operación. Así que lo hacéis. No dudáis en dar esos pasos. Por supuesto que hay gente que no puede permitirse todo esto, pero la mayoría de las personas harán lo imposible por encontrar una cura. ¿Por qué? Porque la enfermedad amenaza sus vidas y no quieren morir. Vosotros no queréis dejar este hermoso planeta ni las cosas que apreciáis, ni las personas que amáis, ni lo que tiene valor para vosotros. Tan sólo pensar en la muerte, os hace temblar.

«Tratad de imaginar qué ocurrirá cuando muráis. El cuerpo que vuestros seres queridos, vuestra esposa, hijos y padres tanto han amado, será llevado al cementerio. Nadie querrá conservarlo. Nadie lo querrá mirar. Su mera presencia asusta. Todo el mundo deseará quitárselo de encima lo antes posible, así que vuestro cuerpo será enterrado, o alguien encenderá la pira funeraria y habréis acabado para siempre. Tembláis al pensar que después de muertos el mundo seguirá sin vosotros y vosotros vais a echar de menos todo lo que os es hermoso: vuestro hogar, vuestros amigos, vuestra bella y joven esposa, vuestros hijos, las flores del jardín y su fragancia. Os sentís desgraciados al pensar que no los volveréis a ver, que no contemplaréis de nuevo la sonriente cara de vuestro hijito, que vais a extrañar todo lo que amáis.

«No volveréis a ver la Naturaleza en toda su hermosura, ni los ríos, montañas y valles, ni el sol y la luna, ni las estrellas y los océanos. Desaparecerán las fiestas y celebraciones, las cariñosas y reconfortantes palabras de vuestra esposa o esposo, las afectuosas caricias de vuestros seres queridos, todo desaparecerá. No sabéis dónde iréis, pero sospecháis que todo será oscuridad a vuestro alrededor. Os sentís desvalidos. ¿Os lo imagináis? Os asusta pensar en la muerte. Tan sólo pensar en qué estado de indefensión os encontraréis cuando la muerte llegue, os puede originar un intenso anhelo de abrazaros al principio salvador de la vida, a la Verdad Suprema. Es el anhelo de realizar la inmortalidad del Ser.

«Mucha gente no quiere meditar porque la quietud que han experimentado al hacerlo les lleva a pensar que van a morir. Sugunan-Acchan (el padre de Amma) tenía mucho miedo cada vez que ella meditaba. A Amma le contaron que él pensaba que ella iba a morir si la meditación duraba más tiempo del habitual. Para salvar a Amma de la muerte, él la sacudía con violencia o le echaba cubos de agua por encima de la cabeza. El pobre Acchan no tenía ni idea de qué era meditar. Él no sabía que la meditación es el principio salvador que nos hace inmortales y eternos. La meditación nos lleva por el ciclo de la muerte y el renacimiento. La meditación es ambrosía. En realidad, evita el miedo a la muerte. Quita el ego y lleva al estado de no-mente. Una vez que trascendéis la mente, no podéis morir. La meditación ayuda a contemplar todo como una placentera representación teatral, de modo que hasta la hora de la muerte se convierte en una experiencia cautivadora.

«Así que, hijos míos, esta urgencia llega cuando todos vuestros sueños y esperanzas se derrumban. Y están destinados a caer, porque tratáis de encontrar la felicidad en el lugar equivocado, donde no la podéis alcanzar.

«Un hombre andaba por la calle a gatas: '¿Qué estás buscando?' le preguntó otro. 'Mi llave', respondió. Los dos emprendieron la búsqueda a gatas. Después de un rato, el vecino preguntó: '¿Dónde la perdiste?' 'En casa', le contestó aquél. '¡Dios mío!' exclamó el vecino. 'Entonces, ¿por qué la estás buscando aquí?' 'Porque hay más luz'. De la misma manera, la felicidad se encuentra en vuestro interior, pero la buscáis fuera y, así, es inevitable vuestra frustración. Comenzáis a sentir que vuestra vida está en peligro y que no podéis aferraros a nada sino es a Dios o a un Poder Universal. El miedo de que la muerte os lo va a arrebatar todo, os lleva a buscar una salida. Esta búsqueda, al final, os conduce al verdadero camino, al camino espiritual. Vuestra búsqueda para vencer a la muerte acabará por llevaros hacia vuestro verdadero Ser.

«El hombre quiere vivir eternamente. Nadie quiere morir. La vida y el amor, no la muerte, son el impulso natural que vibra dentro de todo ser vivo. Los seres humanos quieren vivir, vivir y vivir. Sienten el apremio de aferrarse a todo lo que puedan, incluso al universo. No quieren perder nada. Mucha gente ofrece distintos modos y técnicas sobre cómo vivir. Con frases como: 'Consiga su más profundo deseo en diez simples pasos' os tientan para que compréis su método para conseguir la felicidad y la satisfacción. Pero, ¡qué pena! Nadie da con el camino verdadero más que los buscadores sinceros. En ninguna parte del mundo se puede aprender a morir, a matar el ego, a desprenderse de los apegos, la ira, el miedo y todo lo que os impide alcanzar la paz perfecta. El hombre no sabe que en el proceso de poseer, dominar y llegar a la cumbre, inconscientemente, está perdiendo. Cada vez se acerca más a una pérdida irremediable, una pérdida que nunca podrá compensar y desaprovechará la oportunidad de trascender el ciclo de la muerte y el renacimiento, lo cual es el verdadero propósito del ser humano en esta vida. Tan sólo el pensar: 'Estoy perdiendo, no estoy ganando nada en absoluto,' puede, a veces, ayudaros a sentir esa urgencia y a acercaros al camino espiritual.»

Todos permanecían sentados, absortos en las palabras de Amma. Ella prosiguió: «Hijos míos, todos habéis oído hablar del gran santo Tulsidas[1]. Claro que hoy todos le conocemos como un santo pero, antes de su búsqueda espiritual, él era un hombre de negocios. Estaba locamente enamorado de su mujer y su apego a ella, su deseo físico por ella, era tan intenso que ni siquiera quería ir a trabajar. En una ocasión en la que su esposa fue a casa de sus padres, el deseo de Tulsidas por ella se hizo tan intenso e incontrolable que caminó una larga distancia, de noche, con viento y lluvia para estar junto a ella. Tal era su determinación que incluso confundió un cadáver con una barca y así, cruzó un río torrencial. Finalmente, pasada la medianoche, llegó a su destino y descubrió que todas las puertas estaban cerradas con llave. Como la habitación de su esposa se encontraba en el piso de arriba, tuvo que escalar para llegar hasta allí. Confundiendo una pitón con una gruesa cuerda, escaló por ella y se deslizó a la habitación de su mujer. Después de tantas dificultades, esperaba que su esposa se alegrase de verle. Sin embargo, esta se avergonzó tanto de su demente apego por ella que le dijo: 'Si hubieras dirigido este anhelo que sientes por mí hacia Dios, hace tiempo que lo habrías realizado.'

«Estas palabras sacudieron a Tulsidas, golpearon su ego e, incluso, debió sentirse terriblemente avergonzado por su estúpido y loco apego. Se dio cuenta del peso de su apego y todo su ser, cada célula, cada átomo de su cuerpo, cada latido de su corazón, cada respiración y cada poro de su piel, se volvieron hacia adentro y, en aquel preciso instante, fue consciente de la pesada carga que había soportado en nombre del amor. Su corazón se detuvo un instante para soltar aquella pesada carga y, acto seguido, se llenó de puro amor por Dios.

«En aquel momento, decidió morir a su conciencia corporal y vivir en la conciencia de Dios. Abandonó a su mujer y su hogar y

---

[1] Tulsidas escribió Ramacharita Manas, otra versión de la epopeya Ramayana escrita originariamente por Valmiki.

deambuló como un asceta. Más tarde, se convirtió en el renombrado santo que conocemos por el nombre de Tulsidas.»

Tras unos minutos, la Madre prosiguió: «La hora de la revelación que ha llegado a muchas grandes almas, también puede llegaros a vosotros. Todo el mundo está preparado para alcanzar ese estado final de desapego de lo mundano, del ego. Debe llegar porque esa es la fase final de la evolución. No lo podéis evitar. Consciente o inconscientemente, podéis intentar esquivarlo hoy pero, antes o después, vais a soltar todo aquello a lo que os aferráis: posesiones, riquezas, cuerpo, todo lo que reclamáis como vuestro. Creéis que tenéis un tiempo infinito para vivir, pero la conciencia crece a cada instante, sin que os deis cuenta. El destino final de toda alma es la liberación de los obstáculos que se interponen ante la paz y la satisfacción.

«Cuando ese momento llegue, soltaréis el ego, y no pelearéis más. Ya no protestaréis, ni siquiera os pararéis a pensar si lo debéis dejar ir o no. Simplemente, os inclinaréis y os rendiréis. En lo más profundo, todas las almas están esperando que ocurra este gran desapego. La mayoría de la gente no lo siente así ahora porque sus conciencias están muy bajas, pero esta urgencia llegará un día.»

Un *brahmachari* preguntó: «Amma ha dicho: 'No hay lugar en el mundo donde uno pueda aprender a morir.' ¿Es la muerte algo que se puede aprender? ¿Puede Amma explicarlo?»

«Sí, la muerte es un arte que se puede aprender y practicar. Sólo se puede practicar abandonando el ego. Sólo se puede aprender practicando la meditación. Puesto que la muerte es la mayor amenaza, el mayor miedo, el mayor golpe para el ego, los seres humanos intentan a cada momento tapar y olvidar ese miedo a la muerte persiguiendo los placeres mundanos. Para evitar el pensamiento de la muerte, la gente quiere darse gusto y disfrutar la vida creando y cumpliendo sus deseos.

«Hijos, con cada cumpleaños damos otro paso hacia la muerte. Es el día de la muerte también. Los cumpleaños vienen a recordar el día fatal, el momento de la muerte misma. Pero no queremos acordarnos de eso, así que lo celebramos como un día de nacimiento. Organizamos una gran fiesta, invitamos a los amigos y parientes a cantar 'Cumpleaños feliz' o 'Larga vida para tal y tal.'

«Sólo pensamos en la vida. Nunca queremos pensar en la muerte porque sentimos que la muerte es la aniquilación completa, la destrucción completa y la disolución de todo lo que pensamos sobre nosotros mismos. Aún así, el recuerdo de la muerte sigue viniendo y, cuanto más intentamos olvidarla, más viene. Y cuanto más frecuentemente pensamos sobre la muerte y su incertidumbre, más miedosos nos volvemos. Este miedo nos priva de nuestra paz interna. Sólo cuando aceptemos que es inevitable, sentiremos la urgencia de buscar la paz interna y la verdadera felicidad. Por eso, para vivir realmente una vida de felicidad y plenitud, debemos aprender a morir. Pero, por desgracia, no sabemos cómo morir en paz.

«En todas partes del mundo, la gente muere con mucho dolor, pena y sufrimiento. La muerte es uno de los dolores más insoportables. Todos se aferran a este bello mundo, a su cuerpo, sus riquezas, sus amigos y familiares, a sus casas, etc. El pensar que la muerte se lleva y aniquila todo esto es muy doloroso. Entonces, mueren en el dolor y la tristeza porque no quieren dejar esas cosas. Quieren agarrarse a la vida y esto crea una lucha interior. Esta lucha provoca el intenso dolor de la muerte, pues no desean abandonar nada. Mucha gente está inconsciente mientras muere, pero en su interior hay lucha, conflicto y una pelea impotente contra la muerte según llega.

«Hijos, no muráis inconscientemente. Aprended a morir con conciencia. Si aprendéis a morir con conciencia, podéis decidir qué deberíais ser, dónde y cómo deberíais estar en vuestra próxima vida. O si no queréis volver a este mundo, eso también es posible. «Amma ha oído hablar de un *Mahatma* al que mataron con un veneno. Este lo aceptó sonriente y, con alegría, escuchó las palabras del carcelero que le instruyó sobre cómo debía tomarlo. Sus manos no temblaron. No sentía ansiedad o miedo ante la muerte. Con mucha calma y tranquilidad, sorbió el líquido y rezó. Mientras estaba tumbado esperando la muerte, pudo describir cómo actuaba el veneno en su cuerpo. Murió conscientemente. Esto es el morir real, la muerte real ocurre cuando eres testigo de la muerte de tu cuerpo. Para tal persona, la muerte fue una experiencia real. El hombre es conciencia, por lo tanto, debe aprender a vivir con conciencia.»

Las palabras de Amma sobre la muerte consciente nos recuerdan aquella ocasión durante el *Devi Bhava* en la que Sugunanandam, su padre, pidió que *Devi* abandonara el cuerpo de su hija. Al principio, él y muchos del pueblo ignoraban la unidad de Amma con el Supremo Absoluto. Creían que *Krishna* y *Devi* la poseían tres días a la semana durante el *Bhava Darshan* y que el resto del tiempo estaba loca. «¡Quiero que me devuelvan a mi hija!» gritó a la Madre durante el *Devi Bhava*. La Madre respondió: «Si te devuelvo a tu hija, ella no sería más que un cadáver que pronto se descompondría y tendrías que enterrarla.» Sugunanandam continuó pidiendo que su hija regresara y la Madre dijo: «Si así lo deseas, aquí tienes a tu hija. ¡Llévatela!» Al instante, la Santa Madre cayó al suelo. Su cuerpo estaba rígido, su corazón dejó de latir y no respiraba. Aparentemente, estaba muerta. Lleno de remordimiento, Sugunanandam imploró a la Madre Divina por la vida de su hija. Los devotos que habían venido para *Bhava Darshan* fueron invadidos por la tristeza y rezaban con mucho fervor. Pasaron ocho horas en las que no hubo el más mínimo movimiento en su cuerpo antes de que ella retornara a la vida.

Aquí, pues, Amma nos ilustra cómo morir con conciencia y regresar al cuerpo con conciencia. Una vez que aprendáis a morir, podréis elegir vuestro nacimiento y vuestra muerte. Todo estará perfectamente bajo vuestro control.

«Hijos, aprended a morir con gozo. De la misma manera que celebráis el cumpleaños o el nacimiento, dejad que la muerte y el morir sean momentos de gran celebración y gozo. La meditación es aprender a morir con gozo. Esto puede ocurrir solamente si aprendéis a desapegaros mientras vivís. A través de la meditación, podéis aprender a desapegaros, a no ataros. Toda vuestra vida debería ser una preparación para morir felices pues, sólo cuando hayáis aprendido a hacer frente a la muerte con alegría, podréis vivir felizmente. Porque entonces os daréis cuenta de que la muerte, al igual que la vida, es también una verdad, que la muerte no es aniquilación, sino la total libertad de las garras del ego.

«Hijos, aprended a aceptar la muerte; dadle la bienvenida y saludadla. Sed amables con ella y la muerte será vuestra amiga. Una vez que hayáis aprendido a recibirla, desaparecerá todo miedo y comenzaréis a vivir en verdadera paz.

«El momento que viene no es nuestro. Sólo el presente nos pertenece. La verdadera vida es vivir en el presente, dejar el pasado y olvidar el futuro. No sabemos si acto seguido estaremos aquí, en nuestro cuerpo. Puede que expiremos y no volvamos a inspirar de nuevo. ¿Quién sabe si despertaremos mañana? Los grandes santos y sabios siempre vivieron momento a momento. Nunca hicieron planes para el futuro. Solamente una persona que vive el momento puede liberarse por completo del miedo. Únicamente así se puede abrazar la muerte en paz. Este vivir en el presente es posible tan sólo a través de la meditación y las prácticas espirituales. Cuando hay ego, hay miedo a la muerte. Una vez que se trasciende, uno ya no tiene ego y el miedo a la muerte también desaparece. En ese estado, la muerte se convierte en una gran ocasión de celebración.

Para los que viven el momento, la muerte, que con tanto miedo se vive, se transforma en una experiencia apacible y amorosa. «Cuando la muerte llega, nos sentimos desamparados. El recuerdo constante de la posibilidad de la muerte es la mejor manera de aprender humildad. La humildad es abandonarse y esto es agachar la cabeza ante toda existencia. Entonces, ya no hay ego. Una persona sin ego no muere, porque ya no es un cuerpo. Es conciencia. Sólo la gente que se identifica con el cuerpo morirá.»

Los profundos discursos espirituales de Amma sobre vivir el momento presente, sobre cómo morir y cómo la hora de la muerte puede ser un gran evento, una experiencia dichosa, nos recuerdan la gran declaración de los *Upanishad* '*Eha atraiva*', que quiere decir: «La realización del Ser está aquí y ahora, en este preciso momento.»

Un devoto formuló otra pregunta: «Amma, ¿cuál es la mejor manera de desprenderse del ego y abrazar la muerte con amor?»

Amma dijo: «Confiad, simplemente confiad en la existencia del gurú. Sólo confiar en el Maestro Perfecto os ayudará a deshaceros del ego y de todos los pensamientos egocéntricos y os permitirá abrazar la muerte con amor. Vivid la vida de manera bella. La belleza que impregna vuestra vida se manifiesta en la belleza de vuestra muerte. Pero, en la vida, esta belleza sólo es posible cuando os entregáis a un Maestro real. Entregarse a un Maestro real es entregarse a toda la existencia.

«Un Maestro real os enseña a aceptar todo lo que os ocurre en la vida. Os enseña a estar agradecidos por lo bueno y lo malo, lo acertado y lo equivocado, los amigos y los enemigos, los que os hieren y los que os ayudan, los que os aprisionan y los que os liberan. Un Maestro os ayuda a olvidaros del oscuro pasado y del brillante futuro lleno de promesas. Os ayuda a vivir la vida en el momento presente con total plenitud. Os hace saber que toda la

Naturaleza –cada cosa, cada persona, hasta vuestro enemigo- os está ayudando a evolucionar, y a alcanzar la perfección.

«Cuando uno está agradecido por todo, lo dará todo por abrazar la muerte con amor y con una bella sonrisa en su rostro. Para tal persona, la muerte es extraordinariamente hermosa. Para él, la muerte no es un enemigo al que temer. Por el contrario, la muerte se convierte en la mejor amiga. Sin conocer la vida, no podéis conocer la muerte. Para quien no ha conocido la vida, para quien no ha vivido la vida en todo su esplendor, la muerte es oscuridad, es el fin. Pero para el que ha conocido la vida, la muerte es el corazón de la existencia. La vida florece en la muerte. Por eso, los grandes maestros, a pesar del sufrimiento de sus cuerpos, pudieron morir con amplias sonrisas de felicidad en sus rostros. Abrazaron la vida con amor desbordante. Abrazaron toda existencia, toda experiencia, buena y mala; por lo tanto, fueron capaces de abrazar también la muerte.

«Este arte de morir, sólo puede aprenderse entregándose a un verdadero Maestro. Él os ayuda, también ayuda a vuestro ego a morir en él y os ayuda a vivir.

«No hay garantía de futuro, ni siquiera para el momento siguiente, sólo la muerte es la garantía del futuro o del momento venidero. Este momento es para vosotros, el próximo puede ser la muerte, ¿quién sabe? Por lo tanto, vivid el presente de manera correcta. Sólo este momento es la garantía, el futuro ya no pertenece al presente.»

Eran las once menos cuarto de la noche. Amma pidió a todos que meditaran unos minutos antes de levantarse. Luego Amma se fue a su habitación seguida de Gayatri y Kunjumol. Los *brahmacharis*, los residentes y los visitantes permanecieron sentados y meditaron durante unos quince minutos mientras la dicha inundaba el aire. Las almas se habían puesto en movimiento hacia profundidades internas gracias a las solemnes palabras de la

Madre. Uno a uno se dispersaron, excepto algunos cuantos que se quedaron meditando en la parte delantera del templo.

Capítulo 2

Engañados por el ego

Jueves, 19 de julio de 1984

A medida que la Divina Madre y su ashram se hicieron más conocidos, un número cada vez mayor de buscadores, incluso algunos que pertenecían a grupos espirituales muy reconocidos, acudían a recibir su *darshan*. A veces, la lección la facilitaba alguno de los visitantes que pasaban por allí, como si la Madre los hubiese atraído al ashram con ese único propósito. Aquel día, llegó uno cuya actitud y comportamiento no eran los propios de un buscador espiritual. Se trataba de un *sannyasin*[2] de otra organización espiritual que quería informar a Amma sobre una campaña que su grupo había emprendido para conseguir dinero y construir un centro educativo. Sus seguidores espirituales habían comenzado la marcha en Kanya Kumari, el extremo más meridional de la India, y se encaminaban hacia el norte. De camino, querían recibir el *darshan* de Amma y su bendición para que la campaña tuviera

---

[2] Un *brahmachari* es aquel que ha tomado los votos de celibato y lleva una vida de estudio, austeridad y práctica acompañada de servicio al gurú. Estos medios le ayudan a construir los cimientos de su vida espiritual. Puede seguir siendo *brahmachari* toda su vida, casarse o convertirse en *sannyasin*, alguien que ha renunciado a todo, después de lograr el desapego necesario. El *brahmachari* viste ropas amarillas, pues así le recuerda la naturaleza perecedera del cuerpo, que toma este color cuando la fuerza de la vida lo abandona. Un *sannyasin* toma, de por vida, votos de renuncia y celibato y cultiva una actitud de unidad con *Brahman*, la Realidad Absoluta que subyace en la existencia de los fenómenos del tiempo y el espacio. Él viste ropa de color ocre, que significa que ha quemado todos los apegos que pudieran llevarle a identificarse con el cuerpo.

éxito. El *swami*, que se había adelantado para encargarse del alojamiento y la comida, no era una persona de buenos modales. Había cierto aire de orgullo en su comportamiento y manera de hablar; carecía de humildad y amabilidad.

Al principio, los residentes del ashram pensaron que su orgullo no era real, que se debía a algún error de percepción. Sin embargo, gradualmente, las palabras y el comportamiento del visitante dejaron clara su arrogancia. Era muy exigente con los residentes del ashram y se mostraba muy condescendiente con los *brahmacharis* que intentaban servirle. Como tenía la intención de pasar una noche allí, el *swami* pidió una habitación para él solo. Sin embargo, no disponían más que de unas sencillas cabañas con las mínimas comodidades. A pesar de ello, los residentes hicieron todo lo que pudieron y le ofrecieron la mejor de ellas.

Al contemplar su sencillo alojamiento, se quejó enérgicamente: «¿Cómo? ¿Me tengo que quedar en esta húmeda choza? ¡No puedo dormir aquí!» gruñó. Los residentes se quedaron perplejos. Se preguntaban cómo alguien que decía ser un buscador espiritual podía reaccionar de esa manera, cuando a ellos mismos se les enseñaba a no dar importancia a cosas tan triviales como el lugar donde dormían. Los residentes se encontraron ante un gran dilema. ¿Dónde iban a acomodar a su huésped? No había «habitaciones cómodas» en el ashram; de hecho, no había habitaciones, tan sólo cabañas. Los residentes y los devotos que visitaban el ashram dormían en el suelo, sobre esterillas de paja y, muchas noches, los *brahmacharis* cedían sus cabañas e incluso sus esterillas a los visitantes y dormían fuera, en la arena. Por ello, les resultaba sorprendente que un aspirante espiritual, en especial un *sannyasin*, fuera tan exigente.

Al final, con el permiso de los padres de Amma, los residentes le prepararon en casa de éstos una pequeña habitación con una cama. Sin embargo, esto tampoco satisfizo al *swami*. Al verla, puso mala cara, salió de la habitación refunfuñando y se fue derecho a la cabaña donde Amma estaba dando el *darshan*.

En el interior de la cabaña, Amma se encontraba sentada en el suelo, sobre una esterilla. Al instante, se dispuso otra para el *swami*, de modo que pudiera sentarse frente a ella. Este no mostró ningún respeto ni reverencia hacia la Madre; no se postró, ni saludó tal y como hace un buscador espiritual ante un Maestro. Como siempre, en el rostro de Amma se dibujaba una amplia sonrisa. Los residentes del ashram que habían tratado de acomodar al *swami* sentían gran curiosidad por ver cómo se iba a dirigir a Amma alguien tan egotista. Entraron en la cabaña y permanecieron de pie en las puertas laterales y traseras para escuchar la conversación.

Haciendo gala de una gran arrogancia, el *swami* dijo: «Represento a un grupo de *sannyasins* que participan en una marcha para recaudar fondos. Me he adelantado a ellos con el fin de informaros que llegarán aquí dentro de unos días. Todos los componentes del grupo desean acampar en este lugar durante un día entero. Necesitaremos buena comida y alojamiento cómodo.»

«Hijo,» dijo Amma, «has expresado el deseo de los hijos de tu grupo de quedarse y recibir comida en el ashram cuando lleguen. Está bien. Amma se siente feliz de poder servirte. Pero no es propio de ti exigir comodidades y buena comida. Alguien que busca la Verdad no debería exigir nada. No debería exigir comodidades y placeres. Un *sadhak* debería ser feliz con cualquier cosa que viene a él. Un buscador espiritual es alguien que ha entregado todo a Dios. No debería esperar ningún privilegio especial. Deberías tomar el viaje que has emprendido como una oportunidad para aprender sobre la renuncia. Buscar comodidad y placer no son el objetivo.»

«No estoy de acuerdo con que la comodidad y el placer estén prohibidos para los buscadores espirituales,» respondió.

«Un modo de vida indisciplinado es inadecuado si la Realización de Dios es tu objetivo,» respondió Amma. «El auto-control es absolutamente necesario para un buscador. Es importante que estudies las reglas y principios de la vida espiritual pero, ¿de qué sirve estudiar si no practicas lo que has aprendido? Esas palabras cobran vida sólo cuando las pones en práctica constantemente en tu vida diaria. Si eres egocéntrico y das importancia a tus propias necesidades, ¿cómo puedes servir? Es necesario tener una actitud de entrega y renuncia para servir a los demás desinteresadamente. Sólo entonces, todo lo que hagas será adoración.»

«¿Es usted una de esas personas que ha renunciado a todo?» preguntó a la Madre.

Este comentario enfureció a los *brahmacharis* y a los devotos que ya se empezaban a cansar. Sin embargo, como estaban ante la presencia de Amma, se contuvieron y no movieron un músculo ni dijeron nada.

Al escuchar la pregunta, Amma se rió con ganas y dijo: «Amma no va por ahí diciendo que es una *sannyasin*, ni viste ropas especiales. Amma no exige nada. Tanto si la aceptas como si la rechazas, la respetas o no, a ella no le importa. Pero tú quieres que otros te reconozcan y te respeten. Vistes de ocre y dices que eres un *sannyasin*. Por eso Amma te habló de esa manera. Deberías ser un ejemplo para los demás. Preguntar si Amma ha renunciado a todo no soluciona tu propio problema. A lo que Amma haya renunciado o no nada tiene que ver contigo. Sólo te beneficiarás si cambias; y una vez que cambies, otros se beneficiarán también.»

Como el *swami* no dijo nada, Amma contó una historia: «Había una vez un anciano que le gustaba recordar su vida pasada. Se sentó junto a sus amigos en una tetería y les contó su historia: 'De joven, era arrogante y pensaba que lo sabía todo. Me sentía capaz de cualquier cosa y quería cambiar a todo el mundo. Rezaba a Dios para que me diera la fuerza necesaria para cambiar el mundo. Cuando cumplí cincuenta, me desperté una mañana y me di cuenta que mi vida estaba medio acabada. No había hecho nada y no había cambiado a nadie. Así que recé a Dios para que me permitiera cambiar a los que tenía a mi alrededor y que tanto lo necesitaban. Pero ahora ya soy viejo y mi oración es muy sencilla: Por favor, Dios, dame al menos la fuerza para cambiarme a mí mismo.'»

Todos se rieron, excepto el *swami*, que se puso pálido y más nervioso que antes. Tras una breve pausa, Amma continuó: «No trates de cambiar el mundo o a otras personas antes de que tú mismo seas capaz de cambiar. Si intentas cambiar a los demás sin modificar tus propias actitudes, no lograrás ningún efecto. Hijo mío, el objetivo de estas ropas color ocre no es el de resaltar tu persona o hacerte más hermoso, sino el de recordarte constantemente el objetivo supremo del ser humano, que no es el de inflar el ego, sino el de destruirlo. Te sientes orgulloso de ser un *sannyasin*, pero la propia palabra 'sannyasa' significa renunciar, renunciar a tu falso sentido de orgullo e importancia personal. Trata de respetar las vestiduras ocres siendo humilde. Trata de tener más control sobre tu propia mente.»

El *swami* seguía firme: «No estoy de acuerdo con ninguna de estas ideas. Pero tampoco deseo discutir con usted. Veamos, ¿me va a proporcionar una habitación o no?»

Amma sonrió: «De acuerdo, no has entendido lo que quería decirte. La Madre no te culpa.»

Tras esto, llamó a *brahmachari* Srikumar y le indicó que preparase la propia habitación de Amma para el *swami*. Los residentes protestaron mostrando su disconformidad, ya que no podían permitir que alguien tan arrogante profanase la habitación de la Madre.

Ella consoló a los *brahmacharis* diciéndoles: «Hijos míos, ¿qué más da que se quede en la habitación de Amma por una noche?

34

¿O es que vuestros egos no lo pueden soportar? Después de todo, él es un mensajero. Ha sido enviado para informarnos sobre una buena causa. Debemos tratarle bien. Dejad que se comporte y hable con arrogancia. Esto no debe importarnos. Pase lo que pase, debemos obrar de acuerdo a las normas de conducta adecuadas a nuestras propias aspiraciones espirituales.[3]»

A pesar de que todo el mundo estaba perturbado por la descarada muestra de egotismo del *swami*, Amma, por el contrario, ni se inmutó. De mala gana, algunos *brahmacharis* acompañaron al *swami* hasta la habitación de Amma. Tan pronto como se hubo instalado, pidió la cena. Siguiendo las instrucciones de Amma, los *brahmacharis* le trajeron todo lo que deseaba. Cuando terminó de cenar, dejó dicho que le tuvieran el desayuno dispuesto para las siete en punto de la mañana. Incluso, especificó qué tomaría.

Sin poder aguantar un segundo más, uno de los *brahmacharis* protestó: «*Swami*, no deberías olvidar que representas la tradición de los grandes santos y sabios de la India. Deberías darnos ejemplo con tu humildad y renuncia. En cambio, estás haciendo gala de tu ego y orgullo.»

Perplejo por estas palabras, el visitante tardó en responder. Pero enseguida, cogió fuerza y espetó: «¡Eh!, ¿no sabes con quién estás hablando? ¿No sabes comportarte delante de un *sannyasin*?

---

[3] En aquella época, se estaba construyendo la habitación de Amma. Hasta entonces, ella había vivido al aire libre, bajo los árboles o en una choza de paja. Cuando la afluencia de personas que se acercaban al ashram aumentó, los devotos sintieron que necesitaba intimidad y construyeron una casa de ladrillo de dos pisos. Los brahmacharis utilizaban la planta baja como sala de meditación. Amma utilizaba la planta alta, que constaba de un dormitorio, un porche y un baño. Por unos años, fue el único espacio habitable hecho de ladrillo. El resto eran chozas de paja. Aunque se terminó de construir esta habitación, Amma no fue a vivir allí de inmediato. Solía usarla de vez en cuando y sólo se trasladó definitivamente al año y algo de haber terminado su construcción.

Veo que necesitas lecciones sobre el dharma. ¿Es que tu gurú no te ha enseñado nada? Me imagino que ninguno de vosotros ha estudiado las escrituras. Decid a vuestra gurú que debería hacer lo necesario para que las estudiaseis. Necesitáis alguien como yo que os instruya en las escrituras.»

Los *brahmacharis* no se pudieron contener ni un segundo más: «*Swami*, si estudiar las escrituras nos va a hacer tanto mal como, obviamente te ha causado a ti, preferimos no saber nada.»

El *swami* alzó la voz: «¿Os estáis burlando de mí?»

«No, *swami*, no nos estamos burlando de ti,» respondió el mismo *brahmachari*. «Lo que ocurre es que nos cuesta entender lo que proclamas. Por un lado, dices que deberíamos estudiar las escrituras para comprender mejor el *dharma*. Dices que has estudiado las escrituras completas y no vemos una conducta apropiada en tus actos. No practicas esos *acharas* y esto nos confunde.»

«Yo estoy por encima de las escrituras y los *acharas*,» respondió el *swami*.

Escandalizados y horrorizados por tal descaro, los *brahmacharis* no supieron qué responder. ¿Cómo podía pretender este *swami* estar por encima de las escrituras? Tras una prolongada pausa, un *brahmachari* tomó la palabra: «*Swami*, sabemos que tienes un maestro espiritual. ¿Lo consideras una gran alma y sus palabras tan válidas como las declaraciones de las escrituras?»

«Sí, por supuesto,» replicó el *swami*. «Él es mi gurú y una gran alma. Debo tener fe en sus palabras.»

Sin decir nada más, el *brahmachari* que había estado hablando con el *swami* salió de la habitación apresuradamente y volvió al cabo de unos minutos con una carta. Entregándosela al *swami*, dijo: «Por favor, lee esta carta. Es de tu gurú.»

Los residentes esperaban que la carta produjera algún cambio en la actitud del *swami*, ya que el gurú del *swami* la había escrito a uno de los *brahmacharis* y en ella expresaba con claridad la admiración y reverencia que sentía por Amma. Él había terminado la carta con estas palabras: «Todo es *lila* de Amma; humildemente me postro a sus pies.» Esperanzados, los *brahmacharis* no perdían detalle mientras el *swami* leía la carta. Este se puso pálido pero, al momento, para sorpresa de todo el mundo, alzó la cabeza y dijo: «Estoy incluso por encima del gurú.»

¡Qué descaro! Los *brahmacharis* se quedaron sin habla. Aturdidos por las escandalosas palabras del *swami*, no supieron qué responderle y, en silencio, abandonaron la habitación. En grupo, caminaron lentamente hasta el templo donde Amma estaba celebrando *Devi Bhava darshan*. El *swami* permaneció en su habitación toda la tarde y no fue a recibir el *darshan* de Amma.

Viernes, 20 de julio de 1984

A la mañana siguiente, cuando Amma entró en la cabaña del *darshan*, el *swami* se abrió paso a empujones y exigió hablar con ella. Amma sonrió y, amorosamente, extendió una esterilla en el suelo, invitándole a sentarse. Con una dura expresión en su rostro, este tomó asiento. La Madre se sentó en el otro extremo de la esterilla, frente a él. Todos los que se encontraban presentes quedaron cautivados por la humildad de la Madre y la serena divinidad que ella irradiaba. Pero el *swami* era un hueso duro de roer. Como desafiando la inmensa presencia de Amma, volvió a hacer gala de su arrogancia y habló: «Como ya sabe, pertenezco a una organización espiritual de gran renombre. He estudiado *Vedanta* en la Sede de la Misión y tras concluir los estudios de las escrituras, fui iniciado en el *sannyasa* por mi gurú. Desde entonces, no he dejado de viajar enseñando *Vedanta*. Mis discursos espirituales han guiado a muchísimas personas. Inspiradas por mis enseñanzas, muchas personas han tomado el camino espiritual. Y aún así, parece que estos muchachos no me han comprendido.

No son conscientes de que espiritualmente me encuentro en un estado superior y no me han honrado como es debido.»

Al escuchar el modo en que se jactaba, los residentes estaban atónitos y furiosos. Nunca habían presenciado semejante exhibición de orgullo y arrogancia, especialmente en presencia de la Divina Madre. Todos la miraron, pero su ánimo sereno e imperturbable les recordó que no dijeran nada.

Como si estuviera escuchando las tonterías de un hijo descarriado, Amma sonrió al *swami*. Con mucha suavidad y amabilidad, ella le contestó: «Hijo, cálmate. Relájate. Has estudiado las escrituras y sabes qué significa ser espiritual. Sin embargo, los santos y sabios de los que provienen los *Vedas* y *Upanishads* no tenían ego. Ser verdaderamente espiritual significa no tener ego. Estos maestros nunca declararon que estaban más allá de todo. Nunca dijeron que eran grandes. Nunca exigieron que otros les venerasen u honrasen; ni siquiera que les respetasen. Todavía se les recuerda y adora por su gran humildad y renuncia. Si dejas de insistir en que los demás te respeten y te honren, el honor y el respeto vendrán a ti sin pedirlo. Simplemente, trata de ser paciente y humilde y verás cómo cambian las cosas que hay a tu alrededor. Trata de ser tú mismo. Cuando dejes de exigir, los demás empezarán a honrarte y venerarte, aunque ya no te importe y ni siquiera lo desees.

«Hijo mío, hablas como un niño. La gente se burla de ti. Te consideran inmaduro e ignorante. No te prestan atención ni dan importancia a tus palabras. Piensan que eres un necio. Al sentirte tan orgulloso de ti mismo y hablar con tanta arrogancia, no traes más que desgracia y una mala reputación a tu gurú y a la organización que representas. Tú eres el espejo en el que se debería reflejar la grandeza de tu gurú y de tu organización. Deja que tus obras y acciones añadan gloria y esplendor a tu gurú y al trabajo que él realiza.

«Trata de ser como un niño. Sólo entonces, podrás aprender y crecer. Sentirte adulto o grande no te ayudará a aprender. Sólo la humildad te ayudará a crecer. Un niño crece emocional e intelectualmente porque no tiene un ego que proteste y cree obstáculos. El conocimiento fluye por un niño sin impedimento alguno. Pero una vez que el ego adulto llega a hurtadillas, aparece el sentimiento de 'yo y lo mío' y se obstruye cualquier posibilidad de crecimiento interno.

«Bien, hijo, dices que perteneces a una gran organización espiritual. Pero la grandeza no radica en el tamaño o en la cantidad. Puede que una organización espiritual cuente con un gran número de seguidores, pero su grandeza real se encuentra en la humildad, paciencia y renuncia de sus representantes. No importa a qué organización pertenezca uno, ya sea espiritual o de otro tipo, hay que ser humilde y estar dispuesto a adaptarse. Sólo entonces se podrá crecer de verdad.

«Ningún ser alcanza su grado máximo de crecimiento al nacer. Cualquier cosa que nace debe atravesar la etapa de la infancia antes de alcanzar la madurez. Este es un crecimiento sano. Piensa en cualquier objeto, cualquier planta o animal, institución o país; todos deben atravesar distintas etapas de crecimiento. Por naturaleza, hay un pasado, un presente y un futuro para todo, porque todo existe en el tiempo. Por lo tanto, no sirve de nada que la institución espiritual a la que perteneces tenga muchos miembros o sea muy antigua. Lo que realmente importa es que sus representantes se atengan a sus enseñanzas, en especial, si el representante es un buscador espiritual que ha estudiado las escrituras. Hijo, ¿no mencionaste que has estudiado las escrituras completas? Pues trata de ser un ejemplo para estos muchachos; inspírales con tu paciencia, humildad y renuncia. De lo contrario, hasta pueden sentir aversión por los estudios de las escrituras. Son sólo principiantes. Si no tienes ego, te aceptarán y admirarán; se sentirán inspirados por ti y tratarán de seguir tu ejemplo.»

El *swami* respondió: «Yo estoy más allá de todas las reglas y normas; estoy incluso por encima de las escrituras y, por supuesto que no he venido aquí para dar ejemplo a estos principiantes.» La severa mirada de su rostro permaneció inmutable.

Amma prosiguió: «Hijo, aquellos que han ido más allá no tienen nada que decir. Ellos saben que esta gran experiencia no se puede expresar con palabras. ¿No has estudiado este valioso principio? ¿Crees que las escrituras son simples palabras recogidas hace mucho tiempo por personas que no tenían otra cosa que hacer? Si verdaderamente crees en la Verdad que experimentaron los Grandes, si realmente crees en sus palabras y deseas hacer un poco de justicia a esta gran tradición espiritual y al color ocre de tus vestiduras, trata de poner en práctica lo que ellos expusieron.

«Estas criaturas que la Madre está intentando educar deberían aprender lecciones de paciencia, humildad y renuncia de personas como tú. Sin embargo, tus palabras y actos les han confundido; cuando te hayas ido, no cesarán de hacer preguntas a Amma y de exponerle sus dudas. Anoche sin ir más lejos, preguntaron: '¿Cómo puede un *swami* insistir tanto en recibir una buena comida y un alojamiento confortable? ¿Cómo puede dormir en la habitación de Amma sabiendo que es suya? Nunca creímos que un buscador espiritual pudiera ser así. Incluso ahora nos sentimos reacios a estudiar las escrituras si hacerlo va a crear tanto ego en nosotros como hemos visto en ese *swami*.'

«De alguna manera, la Madre logró consolarles, diciéndoles que no deben fijarse en los defectos de los demás, puesto que ello obstaculizará su propio progreso espiritual. La Madre también preguntó a los *brahmacharis*: '¿Por qué juzgáis un linaje espiritual entero por las faltas de una persona? Si actúa de manera extraña, es asunto suyo. ¿Cómo podéis culpar a los inmaculados santos y sabios? ¿Cómo podéis juzgar a toda la profesión médica por la equivocación de un solo médico?'»

Tras una breve pausa, la Madre continuó hablando al *swami*: «Hijo mío, puedes actuar como desees pero, ¿sabes cuánto daño estás causando con tus palabras y acciones? Tú tienes tus propias teorías y conceptos y eso está bien. Consérvalos si tan apegado estás a ellos pero, ¿por qué confundir a otros expandiendo tales creencias? Ese es un pecado grave por el que tendrás que pagar en algún momento. Amma enseña *tyaga* a sus hijos, no *bhoga*; renuncia, no indulgencia.»

La cabaña quedó en silencio. El *swami* no mostró ninguna señal de emoción. Todo el mundo observó y escuchó atentamente. Cuando al fin habló, la respuesta del visitante resonó como un trueno: «Me has llamado 'hijo' constantemente. A lo mejor, yo debería llamarte 'hija'.» La insolencia del *swami* era mucho más de lo que los residentes podían soportar. Uno de ellos no pudo contenerse por más tiempo y empezó a protestar. Amma le detuvo con un gesto. Se volvió rápidamente hacia el devoto y dijo: «¿Qué te ocurre? Amma no quiere que nadie interrumpa. Que todo el mundo permanezca en silencio hasta que termine la conversación. Si no podéis hacerlo, salid de la cabaña.»

Si el *swami* se hubiera mostrado lo suficientemente sensible para ver con los ojos y sentir con el corazón, se habría percatado de la grandeza de Amma con tan sólo observarla. Su imperturbable paciencia y su profunda humildad libre de todo ego, signos innegables de un estado elevado, resplandecían en todo lo que Amma decía y hacía. Pero el *swami* estaba demasiado cerrado, demasiado ciego. La actitud arrogante del *swami* ilustra un famoso verso del *Bhagavad Gita*:

> «*Los necios me desprecian como alguien vestido*
> *de humano, ignorantes de mi naturaleza superior como el*
> *Gran Señor de todos los seres*» *Capítulo IX-1*

Volviéndose hacia él, Amma respondió con una sonrisa: «Amma nunca ha pedido a nadie que le llame 'Madre'. Nunca ha insistido en ello. Pero todo el mundo le llama 'Amma' y ella responde a su vez llamando a todos 'hijos'. A la Madre nunca le ha importado cómo le llama la gente. Los devotos y los buscadores espirituales le llaman 'Amma'. Otros le llaman por el nombre que sus padres le dieron. Algunos ateos y personas que están contra ella utilizan nombres insolentes y poco halagadores. Pero esto no preocupa a Amma en absoluto. La gente ve las cosas de acuerdo a sus propios *vasanas*. La misma persona puede ser hermana de uno, hija de otro y prima, tía o amiga para otros. ¿Por cuántos nacimientos, cuerpos, úteros, nombres y formas hemos pasado antes de llegar a esta vida presente? ¿Cuántas veces y para cuántas personas distintas hemos sido padre, madre, hermano, hermana, pariente y amigo? Así que, hijo mío, no te preocupes; no es importante. El cuerpo cambia; es irreal. Llama a este cuerpo por el nombre que te plazca. A *esto* (señalándose a sí misma) no le importa.»

El humor de Amma pareció cambiar y comenzó a hablar desde un estado de unidad con el Infinito. «*Esto* vino de lo incondicional.» De nuevo, se señaló a sí misma. «*Esto* era incorpóreo. *Esto* asumió este cuerpo y se manifestó en él. Algunos le llaman Amma, otros Sudhamani. Incluso hay personas que le llaman Amritanandamayi y de muchas otras maneras. Pero *esto* continua siendo lo mismo, inalterable, sin que nada lo afecte. Nadie puede penetrar el misterio de este Ser.»

Sus profundas palabras y su estado de exaltación parecieron conmover al *swami*, el cual empalideció y no pudo articular palabra. El poder de las palabras de Amma y la profundidad de su afirmación, proveniente de las inimaginables alturas espirituales en las que ella habita, le dejaron sin habla.

El *swami* se esforzó en ocultar su asombro pero, al cabo de un breve instante, volvió a su ser arrogante e intentó salir al paso de su necio comentario sobre llamar «hija» a Amma. Habló con voz apagada y débil: «No me importa cómo me llame usted. ¿Cómo iba a hacerlo? Yo soy *Brahman*.»

Al escuchar palabras tan ridículas, todo el mundo se rió. Esto les recordó lo que Amma dice: «A veces, las personas egoístas se comportan como tontos.»

Como respuesta, Amma simplemente dijo: «Un perro rabioso también es *Brahman* pero, ¿posee capacidad de discernimiento?» Después, cerró los ojos y, durante un tiempo, permaneció sentada, profundamente absorta. Cuando volvió a su estado de conciencia normal, el *swami*, como si nada hubiera ocurrido, volvió a decir: «Bien, ¿nos puede proporcionar comida y alojamiento para los *sannyasins* y *brahmacharis* que vienen de camino en la marcha benéfica?»

Riéndose, Amma contestó: «Hijo, ya hemos llegado a un acuerdo sobre esa cuestión. Pero tú tienes el deber de comunicar tu mensaje de una manera educada y apropiada. Con Amma puedes hablar como desees; ella está deseando perdonar y olvidar, pero no puedes actuar así con todo el mundo. Las personas y organizaciones dan mucha importancia a las reglas y normas. En una comisaría, no puedes hablar ni comportarte como a ti te plazca. Hay leyes y una manera determinada de hacer las cosas. Cada uno debe comportarse adecuadamente ante un oficial o un juez en un tribunal. Lo mismo ocurre cuando se está en una iglesia o un templo. Debemos atenernos a las reglas y pautas que han sido establecidas en cada lugar y no se puede actuar siguiendo los propios caprichos y apetencias. La institución a la que perteneces también tiene sus propias reglas y tú las obedeces, ¿no es así?

«¿No sabes que cada lugar tiene su propio *dharma*? Todo tiene su propia naturaleza. ¿Por qué te empeñas en cambiar la naturaleza de un lugar o de cualquier otra cosa, en desviarlo de su *dharma*? ¿Te parece correcto exigir que un lugar modifique su curso normal sólo porque a ti o a cualquier otro no le agrade cómo funciona? No puedes pretender que una comisaría sea como un mercado o que un templo sea como una tienda de licores. Tampoco puedes pretender que un ashram sea un hotel de cinco estrellas. Cada lugar tiene su propia manera de funcionar, esa es su naturaleza, su *samskara*. Si modifica su naturaleza, pasa a ser otra cosa.

«Esto es un ashram y tiene su propia manera de funcionar. Amma se siente plenamente feliz de acoger y alimentar a los que aquí vienen. Amma invita de corazón a todos los participantes en la marcha benéfica a quedarse a comer en el ashram cuando lleguen. Tú has comunicado el mensaje de su venida y Amma agradece saberlo con antelación. Pero hijo, esto es un ashram, no un hotel o un palacio en el que puedas encontrar la mejor comida y las mejores habitaciones. Eso no es posible. La simplicidad y la humildad son los objetivos de un ashram y de un verdadero buscador espiritual. No puedes esperar un menú de siete platos y una lujosa estancia aquí. Si te quedas, todo será sencillo. No es correcto exigir que un ashram cuente con las mismas comodidades que un hotel; además, va en contra del *dharma* del ashram. Un ashram es un lugar en el que viven buscadores espirituales, personas que están intentando llevar una vida de renuncia. Aquellos que lo saben no esperan habitaciones suntuosas porque saben que el objetivo principal al visitar un ashram es el de alimentar el alma y que saciar el hambre del cuerpo es sólo un objetivo secundario.»

«Yo ya sé todo eso. ¿No he mencionado ya que he estudiado *Vedanta* durante tres años?» replicó el *swami*.

Bromeando con ternura, Amma repitió lo que él había dicho: «Yo ya lo sé. Yo he estudiado *Vedanta*..Yo soy grande.» Después, ella le reprochó: «Hijo, tienes un 'Yo' enorme. Ese es tu problema. Fue el 'Yo' el que estudió todo y seguiste alimentando el ego. De esa manera, el 'Yo', el ego fue creciendo cada vez más y el 'Tú' real se fue muriendo. ¡Qué pena! Estudiaste las escrituras y ahora, simplemente las repites sin comprenderlas ni buscar su verdadero significado. Hijo, ¿has escuchado esta historia?:

Un hombre rico poseía una excelente colección de pájaros y presumía de ello ante cualquiera que se acercase a su casa. En una ocasión en la que estaba mostrando el aviario a unos amigos, uno de ellos comentó: 'No tienes un loro parlanchín.' En cuanto sus amigos se marcharon, el hombre rico se fue a una tienda de animales y preguntó: '¿Tienen ustedes loros parlanchines?' 'Por supuesto,' le contestó el dependiente y le enseñó un loro. '¿Habla este loro?,' preguntó el hombre rico. El mismo loro le respondió: 'No le quepa la menor duda.' Henchido de felicidad, el hombre compró el loro sin percatarse de que el dependiente trataba de decirle algo.

«Ansioso por enseñárselo al amigo que había hecho el comentario, les invitó de nuevo a contemplar su nueva adquisición. Al verlo, uno de los huéspedes preguntó: '¿Habla este loro?' 'No le quepa la menor duda,' contestó el animal. Asombrado por la respuesta, otro amigo preguntó: '¿Cómo te llamas?,' a lo que el loro replicó: 'No le quepa la menor duda.' A cada pregunta que se le formulaba, el loro volvía a repetir: 'No le quepa la menor duda.' Cuando se percataron de que estas eran las únicas palabras que el animal sabía decir, los huéspedes empezaron a reírse y a tomar el pelo al hombre rico. Este, disgustado y muy enfadado, abrió la jaula y dejó ir al loro diciendo: '¡Qué tonto soy!' Mientras el loro se alejaba volando, replicó: 'No le quepa la menor duda.'»

Todos se rieron y el *swami* miró a su alrededor preguntando: «¿Se están burlando de mí?» Después, dirigiéndose a Amma le dijo: «¿Es que los *sannyasins* no pueden disfrutar de los placeres de la vida?»

Amma se rió con ganas: «Hijo, gracias a la renuncia de los *sannyasins* y a su sencillo modo de vida, el resto del mundo puede disfrutar. La misma existencia del mundo depende de la energía espiritual que generan los genuinos *sadhaks* por medio de sus *tapas*. «En cualquier esfera de la vida, mientras unos están haciendo las cosas mal, hay otros que las hacen correctamente. De esta manera, la vida sigue su curso. Así es como funciona la sociedad sin que todo acabe por destruirse por completo. El bien siempre equilibra al mal; la virtud al vicio; la alabanza a los insultos; la creación a la destrucción; la renuncia, la abstinencia y el desapego equilibran la indulgencia, el placer y el apego. Mientras los que viven en el mundo agotan su energía en los placeres y en la indulgencia desmedida, los buscadores espirituales la conservan mediante la abstinencia y el desapego. Por un lado, toda la energía se disipa y, por el otro, se conserva. Para gastar hay que ahorrar. Si uno no ahorra, ¿cómo puede gastar? El *tapasvi*, el buscador espiritual, que practica la austeridad y conserva la energía, se convertirá, a su debido tiempo y a través de ejercicios espirituales rigurosos, en una fuente de energía inagotable. Por otro lado, las personas indulgentes que tienen expectativas, sueños y esperanzas insaciables construyen castillos en el aire . Agotan toda su energía y acaban desmoronándose. ¿A quién pueden recurrir entonces? ¿Quién puede ayudarles a revitalizarse y recuperar su energía? Su única fuente de apoyo es un ser espiritual que haya conservado una buena cantidad de energía, que pueda permitirse prodigar su reserva ilimitada. Esta persona conserva energía por el bien de los demás, por el bien del mundo y ayuda a aquellos que lo necesitan.»

Tras una breve pausa, la Madre continuó: «Un *sannyasin* es una persona que, habiendo renunciado a todos sus apegos, es feliz en cualquier circunstancia, está más allá de todo. Su paciencia es infinita, al igual que su perseverancia y capacidad de perdón. Habita en su propio Ser, ni el tiempo ni el lugar le afectan y en su interior encuentra la felicidad. Puede hallarse en el lugar más horrible y ser feliz. Puede vivir en un frondoso bosque lleno de animales feroces y seguir siendo feliz.

«¿No has estudiado el *Ramayana*? Rama renunció a todo su reino con una sonrisa en el rostro sin sentir ni una pizca de odio o rabia hacia aquellos que habían conspirado contra él. La noche que salieron de Ayodhya, Rama, Sita y Lakshmana tuvieron que dormir al raso, sin lugar donde cobijarse. Aún así, a Rama no se le hizo difícil dormir en el suelo. De hecho, fue el único que durmió profundamente. Lakshmana y Sita estaban tan nerviosos que no conciliaron el sueño. Rama era un auténtico *sannyasin*. Recordad que él era un príncipe y que tenía a su disposición todo tipo de lujos hasta el día en que se marchó. Sin embargo, no le costó nada renunciar a los placeres de la corona y aceptar una situación muy desagradable. ¿Serías tú capaz de hacer lo mismo? Preguntas si un *sannyasin* no puede disfrutar de la vida. Por supuesto, ¿por qué no? Aún así, ¿tienes tú la madurez mental y el desapego para renunciar a cualquier cosa en cualquier momento y aceptar y abrazar algo que te ocurra inesperadamente? Si es así, entonces puedes disfrutar de la vida plenamente.

«Hijo, esta no es la primera vez que un *sannyasin* ha visitado el ashram. Muchos *sannyasins* y personas espirituales se han acercado hasta aquí. Los hijos de este lugar siempre les sirven y les procuran cualquier cosa que ellos necesiten. Son felices de servir a los huéspedes y sienten una gran reverencia por los *sannyasins*. Respetan el color ocre. Sin embargo, tus modales no son muy propios de un *sannyasin* y esto les ha confundido. Ellos no son almas perfectas. Piensan que las personas como tú deberían ser un ejemplo para los demás; necesitan consejo y experiencias que les ayuden en su crecimiento interior. Por ello, tu extraño comportamiento y tus egoístas palabras les han sorprendido. El color ocre que vistes debería recordarte que cultives la humildad y la paciencia en cada una de tus palabras y acciones. Cuando la gente no ve esas cualidades en ti, simplemente te ignoran y no te consideran preparado para seguir este camino.»

Visiblemente nervioso, el *swami* no dijo nada. Amma cerró los ojos y se sumergió en su interior durante unos instantes. El *swami* permaneció sentado, mirando al suelo para ocultar su vergüenza. Con todo, de vez en cuando, levantaba la cabeza ligeramente y observaba el rostro feliz de Amma, tal vez atraído por su estado extático. Al cabo de unos minutos, Amma abrió los ojos. Como si comprendiera lo que el *swami* estaba sintiendo, como si contemplara su batalla interna con el ego, le sonrió con benevolencia y siguió hablando.

«Hijo, cuando una semilla se convierte en un gran árbol lleno de fruta, no necesita clamar al mundo: 'Miradme todos, miradme. Soy un hermoso árbol cargado de fruta. ¡Venid, hombres y mujeres, venid! ¡Descansad bajo la sombra de mis ramas! ¡Disfrutad de la fresca brisa que se filtra entre mis hojas! ¡Saboread mi deliciosa fruta!' Aún sin anunciarlo, la gente acudirá en masa hasta el árbol para saborear sus frutos, su sombra y la brisa. Pero antes, así como la semilla sale de su cáscara, así debes salir tú del duro caparazón de tu ego. Así como la semilla se inclina por debajo de la tierra para poder convertirse en árbol, así debes inclinarte tú ante toda la existencia con total humildad si deseas evolucionar en el Ser.

«Toma el ejemplo de una flor. Cuando es un capullo, el hermoso color de sus pétalos y la dulce fragancia de la flor son invisibles y desconocidos para nosotros. Sin embargo, están dentro de la flor; aún sin manifestarse, están latentes en su interior. Cuando la flor se abre, se puede admirar el hermoso color de sus pétalos y su fragancia se extiende por todas partes. De la misma manera, la divinidad está dentro de ti. Tú eres lo Divino todavía sin manifestarse. La belleza interna y la fragancia divina están latentes en tu interior. Pero, al igual que una flor que todavía no se ha abierto, tu corazón está cerrado ahora por tu falso sentido del orgullo; por ello, no has realizado tu verdadera existencia en la Conciencia. A través de la práctica espiritual, el capullo que hay en tu corazón acabará abriendo sus pétalos. Sólo entonces, realizarás tu identidad con la Suprema Conciencia.

«No se puede conseguir leche de la foto de una vaca, ni puedes saciar tu sed con el agua del dibujo de un río. De la misma forma, no se puede experimentar el *Atman* a través de las palabras de las escrituras. Estudiar las escrituras es como utilizar un mapa para encontrar las indicaciones que te conducen a tu destino. Todavía está por verse si has entendido las indicaciones claramente. Uno puede interpretarlas erróneamente y perderse. De hecho, en lo que respecta al *Vedanta*, hay muchas más probabilidades de malinterpretarlo que de entender su filosofía correctamente. Con más frecuencia de la que se piensa, el estudio del *Vedanta* sólo contribuye a hinchar el ego. A menos que uno se desprenda del ego, nadie puede ir más allá de los *Srutis*, los *Vedas* y los *Upanishads*. La única sugerencia de Amma es que deberías comenzar a realizar prácticas espirituales y renunciar a tu orgullo de ser un gran estudiante. De lo contrario, estás desperdiciando tu vida. A medida que progreses en tus prácticas espirituales, te darás cuenta de la verdad de las palabras de Amma.

«Y para terminar, Amma sabe que no has sido iniciado en el *sannyasa*. Tomaste el vestido ocre por tu cuenta.»

Las palabras de la Madre cayeron sobre el *swami* como un mazo. Era obvio que estaba demasiado aturdido para poder hablar y permaneció sentado, sin moverse, durante un buen rato. ¿Estaba meditando sobre lo que Amma le había dicho? ¿Se daba cuenta de lo ridículo que se había mostrado delante de Amma y los demás? ¿Se sentía avergonzado? Todos siguieron sentados, en silencio, a la expectativa de lo que ocurriría después. Sin mediar palabra, el *swami* se levantó y se fue.

Aunque los residentes del ashram no le volvieron a ver, más tarde se confirmó que el *swami* sólo había sido iniciado en *brahmacharya* y que no era realmente un *sannyasin*. Junto con esta noticia, que no sorprendió a nadie, también se supo que ya no viajaba dando discursos y que se había retirado a un lugar solitario para practicar *sadhana*. Por lo tanto, tal vez la Madre le había causado un impacto mayor de lo que ellos imaginaban. A pesar de que había molestado e incluso enfadado a todos con su implacable arrogancia, sus corazones se hicieron uno con él al escuchar la noticia.

Cuando el *swami* se fue, Amma se dirigió a los *brahmacharis*: «Hijos, en verdad que el *swami* era muy arrogante, pero podéis aprender mucho de él. Al recordar cómo os sentisteis hacia él, debéis esforzaros en no comportaros nunca con presunción. Aunque un día hayáis estudiado las escrituras y la gente comience a mostraros mucho respeto, no deberíais apartaros del camino de la renuncia y la humildad. Nunca deberíais considerar a nadie inferior a vosotros ni exigirle que os sirva y os respete.» Tras una pausa, Amma prosiguió: «Vuestras mentes están agitadas, ¿no es así? Calmémonos antes de hablar o de hacer cualquier otra cosa.» Así que ella pidió a *Brahmachari* Pai que cantase un *bhajan*. Este cantó *Verumoru pulkkodi*.

Oh, Madre, no soy más que una brizna de hierba.
No soy nada sin tu Gracia.
Oh, La de reflejos dorados,
Derrama tu compasión sobre mí.

Soy un ser hecho de ego
Y poderoso engaño.
Oh, Madre, por favor, líbrame de mis pecados
Y habita en mi corazón.

La canción ejerció un profundo efecto sobre todos. Escucharon atentamente la letra, mientras meditaban sobre su propia insignificancia y cómo debido sólo a la Gracia de Amma habían sido capaces de conseguir cualquier cosa en sus vidas. La Madre no cantó. Ella permaneció sentada, sin moverse y con los ojos cerrados. Cuando la canción finalizó, nadie estuvo dispuesto a romper el largo y profundo silencio. Pasaron unos minutos antes de que Amma abriera los ojos y sonriera mientras dirigía su mirada a los allí presentes. Su fascinante sonrisa reflejaba la naturaleza imperturbable y serena de Amma. ¿Cómo puede algo perturbar a Amma estando siempre establecida en su propio Ser?

El amor de la Madre

Sábado, 21 de julio de 1984

Aunque el *swami* se había marchado el día anterior, esta visita permanecía en la mente de todos. Su comportamiento había sido tan especial que todos los ashramitas lo recordarían aún durante meses, e incluso años. El *darshan* del día había finalizado y Amma estaba sentada en el bosquecillo de cocoteros, rodeada por los residentes del ashram y unos cuantos devotos que se encontraban de visita. Un *brahmachari* aprovechó esta oportunidad para preguntarle sobre el *swami*. «¿Cómo pudo Amma conservar la paciencia y la calma ante la arrogancia del *swami*? Me indignó la falta de respeto que mostró ante Amma. Creo que todos sintieron lo mismo.»

Amma contestó maternalmente: «¿Cómo se iba a enfadar Amma con uno de sus hijos sólo porque este fuera un poco travieso y obstinado? Amma sólo sintió compasión por él. Él también es hijo de Amma, aunque él no lo sepa. A veces, un hijo pega a su madre y, a veces, dice cosas malas de ella, pero la madre lo soporta con paciencia. Ella no devuelve el golpe a su hijo. Una madre sabe que su hijo es ignorante y que no ha aprendido a diferenciar. A veces, mientras el niño se alimenta del pecho de su madre, le muerde. ¿Qué hace su madre? No deja de darle el pecho al niño, no se enfada y le pega por lo que ha hecho, sino que aguanta el dolor y continúa alimentando a su hijo amorosamente. La madre tiene paciencia y comprende porque siente compasión y amor por su hijo.

«Cuando eres madre, no puedes evitar amar. Sólo sientes compasión; olvidas y perdonas. Por eso, a todo lo que es paciente y amoroso se le llama 'madre'.

«La tierra es nuestra Madre Tierra. ¿Por qué? Por su paciencia. Los seres humanos son crueles con la tierra, no se preocupan ni la aman. La explotan sin tener en cuenta los maravillosos regalos y favores que nos entrega. Aún así, la tierra soporta todo con paciencia y bendice a la humanidad con inmensas riquezas y con prosperidad. Por lo tanto, la tierra es nuestra Madre Tierra y la naturaleza es la Madre Naturaleza. Todos los ríos que hay sobre la faz de la tierra, sobre todo el Ganges, conceden grandes beneficios a la humanidad. Ellos también son nuestras madres. Pero les hacemos mucho daño, los usamos mal, los contaminamos y, con todo, son pacientes y amorosos con nosotros. De igual manera ocurre con el océano. A pesar del daño que le causamos, continúa bendiciéndonos con sus recursos y su inmensa riqueza. Por ello, también él es una madre para nosotros. En India, a la vaca también se le considera madre. A pesar de que por todo el mundo se sacrifican miles de vacas por maldad y ambición, ellas nos siguen dando leche. Y Dios es la más grande de todas las Madres porque Él, que es también ella, es el Gobernador y Gobernadora de todo el universo. Él/Ella, con su apasionado amor, instruye e inspira a todos estos seres de la tierra para que tengan paciencia y compasión con nosotros los humanos, a pesar de que los humanos no les devuelven su amor.

«Por lo tanto, hijos, Amma no puede enfadarse con nadie porque todos son hijos suyos. Amma no ve diferencias. Ella contempla todo como su propio Ser, una prolongación de ella misma en formas diferentes.

«Hijos, no os sintáis mal, ni furiosos o nerviosos por el comportamiento egoísta de ese hijo. La ira es muy destructiva. Si observáis a una persona enfadada, veréis que está así casi todo el tiempo. A veces, muestra más su ira y otras, menos, pero su interior está en constante ebullición. No ve ni valora lo bueno de los demás. Incluso cuando alguien hace un buen trabajo, no es capaz de felicitarle. Su severidad y rigidez le impiden mostrar y expresar amor; ni siquiera puede ser amable y monta en cólera con la mínima excusa. Lo mismo le ocurre a una persona celosa. Siempre está dispuesta a encontrar una razón, aún la más nimia, por la que tener celos. Si no hay nada por lo que sentirse celoso o enfadado, buscará algo para estarlo.

«Un marido furioso o una esposa celosa pueden destruir una familia entera e, incluso, las vidas de sus hijos. Cualquiera que entre en contacto con ellos se envenenará con su rabia y sus celos. La pelea y la sospecha son sus rasgos característicos. Os voy a contar una historia.

«Una esposa estaba siempre tan celosa de su marido que se peleaban todos los días. En cuanto el marido volvía del trabajo, ella le registraba los bolsillos de los pantalones y de la camisa y olfateaba toda la ropa con mucha atención. Cada día, le miraba fijamente a los ojos para ver si descubría algún indicio de temor o culpa. Revisaba todas y cada una de las hojas de su agenda. A veces, encontraba un nuevo número de teléfono o un largo cabello en su camisa que le hacía sospechar. Entonces, exigía saber de quién era ese número o de dónde provenía el cabello. Las peleas iban seguidas de acusaciones, gritos y llantos. Así ocurría todos los días.

«En una ocasión, la esposa no encontró nada, ni siquiera un cabello. Siguió buscando con insistencia, pero fue en vano. Finalmente, se derrumbó y rompió a llorar. El marido le preguntó: '¿Por qué lloras hoy? No había ni un cabello en mi abrigo.' Con lágrimas en los ojos, la esposa le respondió: 'Te diré por qué estoy llorando. Has empezado a salir con mujeres calvas. ¡Sabía que esto iba a ocurrir!'» Todos se rieron y Amma también rió con ellos.

El estudio de las escrituras

Un residente preguntó: «Amma, si estudiar las escrituras puede crear tanto ego y rabia en una persona, yo no quiero estudiarlas. No quiero albergar ira y hacer daño a la sociedad.»

Amma respondió: «El estudio de las escrituras no crea necesariamente más ego en ti. Es la comprensión equivocada de las escrituras lo que crea un gran ego en la persona. El estudio de las escrituras no es una simple recopilación de información sobre el *Atman* o el Ser. No se puede recoger información sobre algo que está más allá de las palabras y de la mente, sobre algo incomprensible. Se puede recoger información sobre personas, objetos, lugares o sobre cómo hacer cosas parecidas a programar ordenadores, ya que todo esto es fruto del intelecto humano. Pero no se puede recopilar información sobre la Conciencia. Sólo se puede entender la Pura Conciencia abandonando el intelecto y el raciocinio. El estudio de las escrituras tiene como objetivo ayudar a abandonar el ego e ir más allá de toda explicación e interpretación, así como probar que las palabras no bastan para explicar este estado totalmente. El estudio de las escrituras sólo proporciona una idea sobre la espiritualidad. Explica los beneficios de la vida espiritual. No son más que explicaciones y conclusiones. Pero recordad, las afirmaciones y declaraciones de las escrituras las han hecho aquellos que han ido más allá del ego. Para llegar a la verdad de las declaraciones de las escrituras, uno debe abandonar el ego. «La información y el conocimiento impiden que la mente experimente la Verdad. La mente y las ondas de conocimiento interfieren la verdadera experiencia. Imaginad que queréis experimentar la belleza de una flor. Para lograrlo de verdad, tenéis que dejar de interferir con las interpretaciones mentales. Simplemente, mirad la flor y experimentaréis su belleza. De la misma forma, el significado real de las escrituras sólo puede conocerse en el silencio de la mente. Entonces, las aprenderéis de verdad y experimentaréis su plenitud. La verdadera comprensión se alcanza cuando la mente deja de juzgar. Estudiad las escrituras, pero no penséis que todo se encuentra en ellas. No creáis que no hay nada más que estudiar las escrituras. Este estudio debe acompañarse de prácticas espirituales. No se puede explicar o interpretar la Verdad. La Verdad sólo se puede experimentar. No hay nada malo en estudiar las escrituras con esta actitud. Estudiadlas, mas seguid siendo tan ignorantes como un niño. Entonces, creceréis internamente.»

Tras una breve pausa, Amma contó una anécdota: «¿Habéis escuchado esta historia? Había una vez un *Mahatma* que, después de aceptar a un joven como discípulo, le dijo que escribiera todo lo que sabía sobre la vida espiritual. El *Mahatma* dijo: 'Debes tratar de escribir todo lo que sepas sobre la religión y la espiritualidad. Esto va a ser muy bueno para ti.' El discípulo obediente se fue e hizo lo que se le había pedido. Después de más de un año, concluyó su tarea y volvió donde su maestro con un grueso libro bajo el brazo. Al entregarle el libro, dijo: 'He trabajado muy duro durante un año, tratando de reflejar todo lo que pensaba respecto a la espiritualidad y la religión. La tarea que usted me encomendó está lejos de su culminación, pero sentí que sería mejor mostrarle lo que he hecho.'

«El maestro miró el grueso fajo de papeles y le dijo: 'Verdaderamente, has invertido mucho tiempo y esfuerzo en esto. Es un discurso muy persuasivo, claro y preciso, pero demasiado largo. Mira a ver si lo puedes acortar un poco.' El joven se marchó, y trabajó en este cometido durante cinco años. Cuando volvió a su gurú, le presentó un documento la mitad de grueso que el anterior. El gurú lo leyó y le dijo animosamente: 'Muy bien. Has incluido las ideas esenciales y te has aproximado de verdad al quid de la cuestión. Además, tu presentación tiene fuerza y claridad. Pero tu texto es todavía demasiado largo. Intenta condensarlo un poco más para acercarte a la esencia verdadera.'

«Aunque se entristeció al escuchar esto, el discípulo aceptó lo que el gurú le había dicho y siguió trabajando con ahínco para llegar a la esencia. Esta vez, trabajó durante diez años y, cuando regresó a su maestro, se inclinó ante él y, lleno de humildad, le ofreció tan sólo cinco páginas, mientras le decía: 'Esta es la esencia de mi conocimiento espiritual, la verdadera esencia de mi vida. Esto es lo que subyace en lo más profundo de mi razón para existir, esto es lo que la religión significa para mí. Le estoy profundamente agradecido por haberme dado esta enseñanza.' Esta vez, el maestro leyó atentamente: '¡Excelente!' dijo. 'Realmente has llegado aquí mediante el trabajo espiritual, pero todavía no es perfecto. Necesitas presentar una conclusión final.'

«Pasaron los años y, un día, cuando el gurú estaba preparándose para arrojar su cuerpo al río, llegó su discípulo. Postrándose ante el maestro, le entregó una sola hoja de papel en blanco y después le pidió su bendición. El maestro, lleno de alegría, colocó sus manos sobre la cabeza de su fiel discípulo y le concedió la gran bendición de Auto-Realización diciendo: 'Ahora, comprendes de verdad. Ahora, sabes.' El discípulo se sentó a los pies del maestro mientras este entregaba su cuerpo mortal y emprendía el viaje hacia su última morada.»

Amma se detuvo por unos instantes y después, dijo: «Hijos, sólo la actitud 'Yo no soy nada, yo no sé nada' os ayudará a alcanzar el estado final. Tan sólo esto contribuirá a que la gracia del gurú fluya hacia vosotros. Acercaos a las escrituras con esa actitud y realmente las aprenderéis. E incluso después de estudiarlas, tratad de mantener la actitud de 'yo no he estudiado nada; yo no sé nada.' Esto os conducirá hacia la meta. Intentad ser como un niño a lo largo de vuestra vida y en verdad, aprenderéis. Estudiad las escrituras con esta actitud.»

Capítulo 3

La joya omnisciente

Lunes, 20 de agosto de 1984

Los primeros días del ashram fueron muy especiales para todos aquellos que acudían a estar con la Sagrada Madre. Fue un tiempo lleno de experiencias valiosas e íntimas para el primer grupo de *brahmacharis*, los cuales atesoran, en lo más profundo de sus corazones, recuerdos inolvidables. Locos de amor por Amma, vertieron su añoranza en los cantos que componían y entonaban con ferviente devoción. Sin embargo, al mismo tiempo, se encontraron con muchos obstáculos que les impedían acercarse a Amma tanto como deseaban. El antagonismo de los padres de Amma hacia los *brahmacharis* se sumó a su ansiedad por estar con ella. En consecuencia, todos los cantos estaban llenos de significado y expresaban la nostalgia de sus corazones.

Al principio, los padres de la Madre pensaron que su hija, Sudhamani (el nombre que dieron a Amma), sufría una locura temporal. Ellos se preocupaban por la reputación de la familia, por lo que la gente podría pensar, pues albergaban la esperanza de entregar algún día a su hija en matrimonio. Por ello, se disgustaban con todos los hombres jóvenes que siempre querían estar cerca de Amma. Para ellos, los devotos y *brahmacharis* sólo debían acudir durante los días del *Bhava Darshan* e insistían en que abandonasen el lugar inmediatamente finalizado el *darshan*. En cuanto los padres de Amma veían que los *brahmacharis* la seguían, se preocupaban mucho y hacían todo lo posible por alejarlos de su lado. En varias ocasiones, los padres de Amma enviaron a los *brahmacharis* a sus casas sin permitirles verla.

Mientras que los padres de Amma se comportaban así preocupados por la reputación de la familia, algunos de los devotos de más edad lo hacían por celos. Pensaban que el amor de Amma por ellos disminuiría si los *brahmacharis* se acercaban constantemente. Con el paso del tiempo, los *brahmacharis* encontraron tantas dificultades para expresar su corazón a Amma en persona, que comenzaron a componer canciones que reflejaban su agonía. El siguiente canto nos da una idea de lo profunda que era su pena *Karuna nir kadale.*

> *Oh, Madre,*
> *Tú eres el Océano de Compasión,*
> *Si tú no sientes compasión por mí*
> *¿Quién me dará refugio?*

> *Oh, Madre,*
> *Mi corazón siempre te espera.*
> *¿Habré perdido este día en vano?*
> *¿Habré perdido este día en vano?*

> *Permite que este nacimiento humano se complete.*
> *Báñame en las frescas aguas del Despertar,*
> *Líbrame de mi conciencia corporal,*
> *Y déjame fundirme en la Luz de tu suave sonrisa.*

> *Oh, Madre Compasiva,*
> *Si al final perezco*
> *Sin haberte visto,*
> *Las generaciones venideras concluirán*
> *Que tu compasión ha sido en vano.*

Con el paso del tiempo, a medida que los padres de Amma y los devotos comprendieron mejor los estados trascendentales de Amma, aceptaron más a los *brahmacharis*. Sin embargo, este hecho no disminuyó en absoluto el deseo de éstos de expresar su más profundo anhelo a través de los cantos.

Al aumentar el número de buscadores espirituales que venían a estar con Amma, sus padres concluyeron que se necesitaba más espacio para albergar a los visitantes, así que compraron más terreno. La familia de Amma se trasladó a una casa situada en la parcela adyacente y la vivienda originaria, que tenía dos pequeños dormitorios, un comedor, una cocina y una despensa, se transfirió al ashram. La habitación contigua al comedor se convirtió en biblioteca. Aquella mañana, dos *brahmacharis*, Balu y Srikumar, se encontraban allí componiendo una nueva canción. Cantar nuevas canciones a Amma durante el *Devi Bhava* se había convertido en algo tan frecuente que casi había una canción nueva para cada noche de *Devi Bhava*.

Srikumar se concentraba en tocar el harmonio mientras que Balu intentaba componer la melodía. Ambos habían esbozado la música del estribillo y trataban de aprendérselo de memoria cuando, inesperadamente, Amma entró en la habitación. Durante unos instantes permaneció quieta. Después, al ver lo que estaban haciendo, pareció convertirse en una niña pequeña alborozada e inocente y exclamó: «¡Pero bueno! ¿Estáis componiendo una canción nueva sin avisarme?» Mientras decía esto, Amma comenzó a patalear como una niña testaruda. Los *brahmacharis*, que estaban disfrutando del *Bala Bhava* (comportamiento infantil) de Amma, se miraron y sonrieron. Como si estuvieran apaciguando a una niña, dijeron: «Pero Amma, acabamos de empezar, ¡no hemos hecho más que poner música al estribillo!» Igual que una chiquilla, Amma repitió: «No y no. ¡No os creo! ¡No me habéis llamado intencionadamente! ¡No os voy a hablar! ¡No os voy a hablar!» A medida que lo repetía sin cesar, se sentó en el suelo. Después, se echó y permaneció así sin decir palabra.

Aunque en lo más profundo de sus corazones, los *brahma-charis* sabían que se trataba de una Representación Divina y que Amma era la encarnación misma del desapego, se preocuparon y entristecieron un poco. Ambos la llamaron, pero no consiguieron nada. Le prometieron que nunca volvería a ocurrir, pero sus ruegos y súplicas no surtieron efecto, así que se limitaron a permanecer en silencio. En cuanto dejaron de insistir, Amma se puso en pie, veloz como un rayo, y comenzó a zarandear a los *brahmacharis*. Le arrebató a Balu la hoja de la canción, lo tiró al suelo de un empujón y empezó a cantar. Para su sorpresa, Amma entonó la misma melodía que ellos habían compuesto para el estribillo. Y no sólo eso, sino que cantó la siguiente estrofa, y una tras otra, desgranó toda la canción con una melodía extraordinaria y en perfecta armonía con el estribillo. Lo que Balu y Srikumar llevaban intentando hacer durante tanto tiempo, Amma lo había conseguido perfectamente en tan sólo unos minutos. La canción era *Idamilla tala yunna*.

Yo soy un vagabundo
No poseo ni casa ni hogar.
Oh, Madre, dame refugio
Y llévame hacia ti.
No dejes que me ahogue en las profundas aguas.
Extiende tu mano salvadora
Y condúceme a la orilla.

Como mantequilla arrojada al fuego,
Mi mente está ardiendo en este mundo.
Si un pájaro cayera,
La tierra está ahí debajo para recogerlo.
Pero en mi caso, no hay más refugio que tú.
Tú eres mi único Apoyo.

Oh, Madre,
Anhelo alcanzar tus Pies de Loto.
¿No he pronunciado tu Nombre?
Nunca pensé
Que abandonarías a este simple niño.
¿Estaba equivocado?
Oh, Madre, no lo sé.

Oh, Madre,
Bendíceme con la visión de tus Pies.
Anhelo constantemente alcanzarlos.
Oh, Madre del Universo,
¿No merezco al menos eso?
Dime, ¿cuándo tu presencia
Iluminará mi mente?

Este incidente, al igual que muchos otros relacionados con Amma, son una clara muestra de la gran declaración del Upanishad: «Ese Conocimiento es la sabiduría de que todo es conocido»

El gurú es infinito y su conocimiento también lo es. Hay unos versos famosos en alabanza al gurú que dicen: 'Uno no tiene que estudiar todas las ramas del saber, ya que todo el saber y su sentido llegarán en su momento, naturalmente, si uno cuenta con la Gracia del gurú. Ante los pies de ese gurú, yo me postro con humildad.'

Una experiencia de *Brahmachari* Balu durante este periodo, nos sirve de ilustración. Él anhelaba tocar el harmonio para acompañar sus propios cantos, ya que sentía que si podía tocarlo a la vez que cantaba, esto le ayudaría a introducirse más profundamente en un estado de devoción y amor. Intentaba tocar el instrumento una y otra vez. Sin embargo, sólo era capaz de ejecutar las notas ascendentes y descendentes. Una mañana, mientras se hallaba sentado en el interior del templo, practicando las escalas habituales, Amma se acercó a él y le dijo: «Yo te enseñaré.» Ella se sentó junto a Balu y, al igual que un maestro ayuda a un niño a escribir el alfabeto, Amma tomó los dedos de Balu afectuosamente y los colocó sobre las teclas. Después de hacer esto una sóla vez, Amma se puso en pie y se alejó diciendo: «Con esto ya es suficiente.»

Balu pensó que aquello no había sido más que otro de los juegos de Amma, otro de los entrañables momentos con la Madre; jamás habría imaginado que esa 'lección', que tan sólo había durado unos minutos, iba a producir un milagro. Al día siguiente, Balu se sentía inspirado para componer una canción. Mientras estaba escribiendo la letra, la melodía le vino simultáneamente a la cabeza. Nada más terminar la canción, sintió un fuerte deseo de interpretarla en el harmonio. Era como si alguien le hubiera pedido que lo hiciera. Llevó el harmonio a su habitación, se sentó y comenzó a tocar. Para su sorpresa, Balu vio que pulsaba, con toda naturalidad, las teclas correctas. No podía creer que tal destreza se hubiera desarrollado en tan poco tiempo. Sin embargo, era consciente que la Gracia de Amma fluía por sus dedos. El toque divino de Amma le permitió interpretar la melodía en el instrumento y así colmar su intenso deseo. A partir de aquel día, tocaba el harmonio y cantaba al mismo tiempo.

Esta es la canción, *Nilambuja Nayane*, que Balu compuso mientras aprendía a manejar este instrumento.

Oh, Madre de ojos azules de loto,
¿No vas a escuchar el llanto
De este corazón dolorido?
Tal vez se deba a los actos de alguna vida pasada
Que ahora deambulo en soledad.

He atravesado muchas épocas
Antes de nacer de nuevo en esta vida.
Por favor, acércame a ti con un abrazo maternal.
Deja que me acurruque, como un niño, en tu regazo.

Oh, Madre, puede que no te merezca,
Pero, ¿vas a abandonar a este niño por esa razón?
Ven y llévame a tu lado.
Envuélveme en tu misericordiosa mirada.

La teoría del karma

Miércoles, 22 de agosto de 1984

Una tarde, un grupo de hombres y mujeres muy cultos, que con frecuencia se reunían para entonar cánticos espirituales, vinieron a ver a Amma. Todos se sentaron con ella en una cabaña. Una de estas personas preguntó: «Amma, la ciencia espiritual está basada en la teoría del karma. Todos creemos que cada uno cosechará el fruto de sus acciones y, aún así, la teoría del karma es difícil de entender. ¿Podría Amma hablarnos sobre el karma y cómo funciona?»

«Hijo, en primer lugar, debes tener siempre presente que la teoría del karma es un misterio y que no es fácil de comprender. Se puede explicar una y otra vez, pero seguirá siendo un misterio. La teoría del karma no se presta a análisis intelectuales; no se puede probar en un laboratorio mediante instrumentos científicos.

«Puedes escuchar durante días explicaciones sobre la ley del karma y todavía seguir siendo un ignorante en la materia. Hablar y escuchar discursos intelectualmente convincentes se parece a tomar una droga: te puedes enganchar; se puede convertir en un hábito; así que, tened cuidado.

«Hijos, lo importante no es analizar la ley del karma sino salir de él, ir más allá del ciclo del karma, causado por la ignorancia.

«Además, cuando se intenta dar una explicación adecuada a la ley del karma, nos encontramos con otra dificultad. Puede que las acciones negativas que se cometieron en el pasado no produzcan frutos en el futuro inmediato y lo mismo ocurre con las buenas acciones. Puede que una persona poco virtuosa lleve una vida en apariencia placentera y una persona honrada sufra sin razón evidente. Esto parece contradecir la ley del karma; incluso quizás lleguéis a pensar que no existe tal cosa. Para apreciar su importancia es necesario evaluar y examinar la ley del karma desde un punto de conciencia más elevado. De lo contrario, incluso podéis burlaros de ello e ignorarlo aduciendo que no son más que tonterías. Para elevarse y contemplar el karma desde un nivel de conciencia superior, es necesario realizar prácticas espirituales, así como tener fe. Esta cuestión no se mide con el intelecto, sino con el corazón.

«Podéis presentar cientos de objeciones a la teoría del karma. Podéis discutir sobre ello. Incluso, podéis encontrar maneras de probar que la ley del karma es una falacia y, aún así, esta ley sigue funcionando en vuestras vidas. Estáis en sus manos. Por otro lado, puede que logréis probar que la ley del karma existe, mencionando varias experiencias e incidentes. Sin embargo, ¿significa eso que lo habéis entendido de verdad? No, no lo habéis hecho.

«Un ateo no cree en la teoría del karma. Es posible que considere la relación causa-efecto como una teoría científica, pero no cuestión de fe religiosa. Por ejemplo, sus padres son la causa y él es el efecto; el sol es la causa y la luz, el efecto. Asocia su fe en la teoría de la causa y el efecto sólo con lo que puede percibir. Únicamente cree en lo que se manifiesta. No tiene fe en el Absoluto, en lo que no se ve. Si uno tiene fe en la teoría del karma, debe creer en las manos invisibles de Dios. Debe creer que el poder oculto de Dios es la causa de lo que se manifiesta.

«Si os preguntan: '¿Qué ha originado esta vida, este estado manifiesto presente?', respondéis: 'Los *vasanas* de mi vida anterior han provocado esta vida presente.' Ni vuestra vida anterior, ni los *vasanas* de esa vida son hechos visibles; sino suposiciones basadas en la fe. Así pues, tenéis que creer en la vida pasada y en la anterior y en que después de la vida presente vendrá otra y después otra y otra más. De esta manera, continúa la cadena. Sin embargo, no nos acordamos de nuestras vidas anteriores, ni podemos predecir cómo serán las futuras. Así que, ¿de qué se trata? Es cuestión de pura fe, ¿no es cierto? A menos que seáis capaces de contemplarla desde un punto de conciencia más elevado, no podréis aceptar la teoría del karma. Por eso es por lo que Amma dice que es cuestión de pura fe.

«Todo en la vida se mueve en ciclos; el universo entero es cíclico. Así como la tierra gira alrededor del sol con una regularidad, todo en la Naturaleza se mueve siguiendo un patrón cíclico. Las estaciones se suceden en círculo: primavera, verano, otoño, invierno, y después otra vez el mismo ciclo. De la semilla nace el árbol y el árbol vuelve a proporcionar las semillas que se convertirán en árboles. Es un círculo. De igual manera ocurre cuando nacemos: atravesamos la infancia, la juventud, la vejez, morimos y, volvemos a nacer. Es un círculo continuo. El tiempo se mueve en círculo, no en línea recta. Todo ser vivo debe experimentar el karma y sus resultados hasta que su mente se calme y uno se encuentre satisfecho en su propio Ser.

«Los ciclos se suceden una y otra vez al igual que la acción y la reacción. El tiempo transcurre en ciclos. Esto no quiere decir que los mismos acontecimientos se repitan sin cesar. Más bien, el *jivatman* (el ser individual) asume formas diferentes de acuerdo a sus *vasanas*. Las reacciones son el resultado de los actos realizados en el pasado. Y todo sigue. La muerte no es el fin; es el comienzo de otra vida. A medida que el círculo de la vida gira, las acciones del pasado dan sus frutos. Nosotros no podemos decir cuándo llegará el fruto, ni qué será o cómo vendrá. Es un misterio que sólo el Creador conoce. Si tenéis fe, lo creéis; si no, lo negáis. Tanto si creéis como si no, los frutos llegan, la ley del karma actúa. Pero no intentéis analizar cómo o por qué, pues el ciclo del karma es tan misterioso como Dios. El karma tampoco tiene principio, pero termina cuando uno abandona su ego, cuando se alcanza el estado de Realización. «El hombre evoluciona hasta llegar a ser Dios. Todo ser humano es, en esencia, Dios. La evolución de hombre a Dios es un proceso lento. Requiere muchos retoques, repasos y remodelaciones. Necesita mucho trabajo y paciencia infinita. No se puede hacer deprisa y corriendo. La revolución es rápida, pero mata y destruye. El hombre es revolucionario; Dios es evolución.

«El círculo de la vida se mueve con lentitud porque la vida es evolutiva. Llega el verano y se toma su tiempo. Nunca llega con prisa. El resto de las estaciones - invierno, primavera y otoño - también se toman su tiempo. El ciclo es lento y constante. Pero no intentéis analizar el ciclo de la vida; no es posible. Las estaciones vienen y se van, lo cual es un hecho en el mundo empírico. Pero siguen siendo un misterio, una experiencia. Detrás del misterio, se encuentra el poder invisible de Dios; ese poder que no puede analizarse. Confiad en él.

«Tratad de olvidaros del ciclo del karma. No tiene sentido pensar en el pasado; es un capítulo cerrado. Lo hecho, hecho está. Preparaos para afrontar el presente. No le deis vueltas al pasado ni a lo que hicisteis. Lo que importa es el presente puesto que vuestro futuro depende de cómo lo afrontéis. Sólo cuando la presencia constante de la Divinidad llene toda vuestra vida, viviréis en el presente. Mientras tanto, os encontraréis en el pasado o en el futuro.

«El poder del karma vela nuestra verdadera naturaleza pero, al mismo tiempo, genera el impulso de realizar la Verdad. Nos ayuda a volver a nuestra verdadera existencia. El círculo del karma es un poderoso transmutador si tenéis ojos para verlo. Nos permite conocer el gran mensaje: 'Esta vida actual es efecto del pasado.

Por lo tanto, estad atentos, vuestras acciones presentes determinan vuestro futuro. Si hacéis el bien, se os recompensará de igual manera, pero si cometéis errores o realizáis malas acciones, estas volverán a vosotros con igual intensidad.' Al verdadero buscador espiritual, el mensaje le dice: 'Es mejor si puedes detener el círculo por completo. Salda la cuenta y sé libre para siempre.' Todas estas descripciones y explicaciones sobre el karma sirven para que los humanos se abstengan de hacerse daño a ellos mismos y a sus semejantes, y para evitar que se alejen de su verdadera naturaleza o de Dios.»

Llegado este momento, Amma dejó de hablar. Cerró los ojos y comenzó a cantar quedamente para sus adentros. Siguió así durante unos instantes, mientras que todo el mundo se esforzaba en escuchar su dulce voz. Sin embargo, Amma abrió los ojos enseguida y pidió a los *brahmacharis* que se encontraban sentados a su lado, que siguieran cantando la misma canción, *Oru Nimisham Engilum*.

¡Oh, hombre!
Mientras persigues los placeres mundanos,
¿Experimentas la verdadera paz
Tan sólo un instante?

Sin entender la Realidad
Ni los principios esenciales de la vida,
Atormentado y engañado por la sombra de maya,
Seguramente morirás en agonía,
Como una polilla que arde en el fuego.

A lo largo del proceso evolutivo,
Tú has atravesado incontables cuerpos diferentes
De innumerables insectos, gusanos y reptiles

Plantas y animales
Hasta que al final
Has emergido
Como un ser humano.

¡Oh, hombre!
Piensa y utiliza tu capacidad de discernimiento.
¿Cuál es el propósito de este nacimiento humano?
Por supuesto que no es para desperdiciarlo
Persiguiendo placeres mundanos triviales.
Recuerda: un nacimiento humano es
Una valiosa oportunidad
Y una enorme responsabilidad.

¡Oh, hombre!
Sin renunciar a tu falso orgullo,
A tu deseo de adquirir y poseer,
A tu deseo de disfrutar y darte placer,
Sin alcanzar el estado de Unión eterna,
Con el Brahman Supremo
La paz y la felicidad nunca serán tuyas.

Un poco después de que los *brahmacharis* hubieran terminado de cantar, Amma abrió los ojos. Uno de los devotos estaba impaciente por que ella continuase hablando sobre el Karma. Rompiendo el silencio, dijo: «Parece que Amma no ha terminado de hablar sobre el karma. Por favor, ¿podría Amma decirnos algo más?»

«Hijos, Amma va a contaros una historia. Había una vez un hombre mayor que había trabajado muy duro toda su vida con el fin de construir una granja para sus hijos y nietos. La levantó en un desierto y consiguió sobrevivir a sequías, tormentas y pestes. Después de trabajar muy duro durante años en los campos y de cuidar de los cultivos, decidió que le había llegado la hora de jubilarse y pasar el tiempo que le quedaba sentado en el porche, contemplando el universo. Su hijo tenía su propia familia y deseaba con ansiedad ser el dueño de las tierras. Así que el anciano le cedió las riendas, feliz de poder descansar en su silla favorita, sentado en el porche, después de haber trabajado tanto durante todos esos años.

«Al principio, cuando el hijo tomó el control de la granja, se sintió orgulloso de ser, al fin, su dueño. Él también trabajó muy duro y pasó días, años, luchando contra los elementos y labrando los campos. Poco a poco, empezó a resentirse por la pereza de su padre, que pasaba todo el día contemplando el cielo azul o jugando con sus nietos. Su resentimiento crecía cada día que pasaba. Empezó a considerar a su padre otra boca más que alimentar y, cuanto más pensaba en ello, más convencido estaba de que su padre representaba una tremenda carga para él. '¿Qué importa que haya trabajado duro todos estos años?' se decía el hijo para sus adentros. 'Los tiempos han cambiado. Ahora, yo tengo una familia propia que alimentar y cuidar. ¿Por qué debería cuidar de él?' Así, su rabia fue creciendo hasta que, cuando llegó la hora de la cosecha, no quiso compartir su comida con 'ese viejo inútil del porche.' De hecho, decidió que había llegado la hora de deshacerse de él de una vez por todas.

«Por lo tanto, construyó una gran caja de teca, la llevó ante su anciano padre en una carretilla y le pidió que se metiera dentro. Sin decir palabra, este inclinó la cabeza e hizo tal y como se le había indicado. El hijo cerró los goznes de latón, condujo la caja hasta un acantilado y, justo cuando estaba a punto de arrojarla, escuchó unos golpecitos que provenían del interior.

«'¿Qué quieres?' gritó el hijo. La voz de su padre sonaba suave y amable: '¿Sabes? Comprendo lo que sientes. Si quieres librarte de mí, te entiendo perfectamente. Crees que no soy más que un viejo inútil. Pero, antes de que me arrojes por el acantilado, déjame salir. Es mejor que me empujes. Yo en tu lugar, no tiraría la caja. Puede que tus hijos la necesiten en el futuro.'»

Todos rieron con la historia de Amma y ella rió junto a sus hijos. Cuando se calmaron, el tono de Amma se tornó más serio: «Hijos, nuestras acciones volverán a nosotros, tanto si somos creyentes como si no lo somos. El hombre es víctima de su karma o destino, da igual cómo lo llaméis. Podéis discutir o poner objeciones. Incluso podéis convencer a otros de que la ley del karma es una falacia lógica. Sin embargo, toda esa palabrería y especulación no puede, en modo alguno, impedir que la ley del karma se cumpla.

«Amma ha oído hablar de un arma llamada boomerang, la cual vuela por el aire y acaba volviendo a la persona que la lanzó. El karma es como un boomerang que la mayoría de las veces no atrapáis y, por eso, os golpea. La única diferencia es que puede que el boomerang karma no regrese de inmediato. Tal vez tarde un tiempo en volver. Esto es lo que el anciano le recordó a su hijo al decirle: 'Puede que tus hijos la necesiten en el futuro.' Él le estaba diciendo a su hijo: 'Recuerda, hijo mío, que tu propio hijo saldará la deuda y ajustará las cuentas contigo.' Este ajuste puede ocurrir ahora, durante esta vida, o quizás no ocurra hasta otra vida futura. No se puede decir. Pero no importa cuál sea vuestra filosofía o creencia, esto ocurrirá. Recordad que ese anciano estaba cosechando los frutos de sus propias acciones. Probablemente, él había hecho algo parecido a su padre o a otra persona.

«Este círculo continuará hasta que dejéis de reaccionar ante el presente, el cual es el efecto del pasado. Cuando aceptéis las experiencias presentes como inevitables, como consecuencia de vuestras propias acciones y las afrontéis sin un pensamiento de rabia o venganza, entonces el círculo del karma se detendrá.

«Ya habéis creado las circunstancias necesarias para todo lo que os está sucediendo. E, incluso ahora, estáis preparando el terreno para vuestro futuro. Cuando el tiempo esté maduro, vuestras acciones darán fruto; os encontraréis indefensos en las garras de vuestro propio karma.

«En vuestra vida, ocurren muchas cosas indeseables. Sufrís sin saber por qué. Todos vuestros intentos por ganaros la vida fracasan. Suceden accidentes inesperados y muertes inoportunas. Puede que una enfermedad hereditaria afecte a vuestra familia o que los recién nacidos sean deformes o retrasados mentales. ¿Creéis que esto es fortuito? No. Todo lo que pasa en la vida tiene una causa. A veces, la causa es visible y otras, no lo es. En algunas ocasiones, la causa se encuentra en el pasado inmediato pero, en otras, se deriva del pasado remoto. Por ejemplo, un gran músico puede nacer en una familia donde no ha habido antecedentes musicales durante varias generaciones. ¿Cómo es posible? ¿Cuál es la 'causa' que provoca que un músico excepcional nazca en una familia donde nunca ha habido músicos? Si no es hereditario, ¿de qué se trata?

«Imaginad que os levantáis una mañana y, mientras camináis hacia el cuarto de baño, os sentís muy cansados y débiles. Después de subir unas cuantas escaleras, jadeáis y necesitáis respirar profundamente. Os sentís mareados y os desmayáis. Sin mucha dilación, os trasladan a un hospital donde os diagnostican un problema en el riñón. Bien, ¿es que el problema ha empezado esa misma mañana? ¿Surgió sin una causa concreta? No, hay una razón. La enfermedad estaba allí, pero se encontraba latente. Lo que ocurre es que los síntomas se manifestaron esa misma mañana. ¿Diríais que esa dolencia es accidental? Debe haber una causa, ¿no es cierto?

«Nada ocurre porque sí. La Naturaleza no es accidental. La Creación no es un accidente. Ni el sol, ni la luna, ni el océano, ni los árboles ni las flores, montañas y valles son accidentes. Los planetas giran alrededor del sol sin desviarse ni un milímetro de su órbita predeterminada. Los océanos cubren vastas áreas del globo sin tragarse toda la tierra. Si esta magnífica creación fuese accidental, no sería tan ordenada y sistemática; el universo sería un desastre. Sin embargo, contemplad la belleza y el encanto de la creación. ¿Creéis que se le puede llamar casualidad? El inmenso patrón de belleza y orden que hay en toda la creación, deja muy claro que tras ello subyace un gran corazón y una gran inteligencia.

«Hijos, nuestro pasado no es sólo el pasado de esta vida, no se remonta al nacimiento de este cuerpo actual. El pasado también se compone de todas las vidas anteriores que hemos atravesado con diferentes nombres y formas. Tampoco podemos ver el futuro; no está bajo nuestro control. No podemos predecir qué va a pasar mañana. La verdad del karma es, por lo tanto, una cuestión de fe más que de cualquier otra cosa.

«Debemos mantenernos alerta y tener cuidado con lo que hacemos hoy porque no sabemos qué efecto producirá mañana. El presente es este momento y siempre nos lo perdemos. Vivir momento a momento, en Dios sólo, en el Ser, detendrá la ley del karma en nuestras vidas.

«Hijos, una vez que realicéis el Ser, vuestra verdadera naturaleza, llegaréis a saber todo sobre el karma. También se os revelarán los misterios de vuestras vidas pasadas. Conoceréis el secreto de todo el universo, de toda la creación. Hasta entonces, seguís haciendo preguntas sobre el karma, tratando de elaborar vuestras propias interpretaciones y explicaciones. La Auto-Realización aclarará el misterio. Pero, una vez que alcancéis la Perfección, sabréis que el verdadero Ser estuvo y está siempre presente. Sabréis que el verdadero Ser nunca nació, ni morirá jamás y que no esta sujeto a la ley del karma.

«Por supuesto que la ley del karma existe, pero es más una experiencia de fe que un hecho. Un hecho se puede probar, pero la fe es el profundo sentimiento del corazón que la lógica no puede probar.»

Tras esta última afirmación, Amma repitió: «Shiva... Shiva... Shiva... Shiva,» dibujando círculos en el aire con la mano derecha. Después, se sentó y se sumergió en un estado de meditación, mientras uno de los eruditos entonaba unas estrofas del *Soundarya Lahari*.

¡Oh, Madre!
El penacho del Veda
Luce tus Pies como corona.
Ten compasión de mí y coloca esos Pies
También sobre mi cabeza.
El agua que se ofrece a tus Pies
Forma el río Ganges
En los ensortijados tirabuzones de Shiva.
Y el brillante polvo rojo de tus Pies
Confiere su gloriosa luz
A las joyas de la diadema de Vishnu.

Por medio de la oración
Nos postramos a tus Pies
Que son una delicia para la vista
A causa de su resplandor
El cual surge del tinte lacado
Que se ha aplicado sobre ellos.
Tu Consorte, Pasupati (Shiva)
Anhela los puntapiés de esos Pies
Y está extremadamente celoso del árbol Asoka
De tu jardín de ensueño;
Pues incluso ese árbol
Es un aspirante rival de tales puntapiés.

Al finalizar el canto, otro de los devotos preguntó: «Amma, en ocasiones, un verdadero buscador atraviesa muchas dificultades y privaciones. ¿Por qué ocurre esto?»

«Hijos,» dijo Amma, «a veces veis que una persona que quiere entregarse y convertirse en un devoto o verdadero discípulo pasa muchas dificultades y penurias. Esto se debe a que esa persona se encuentra en un proceso de purificación. Toda su oscuridad tiene que disolverse. No se trata sólo de la suciedad que se ve en la superficie, la suciedad de la que se es consciente; también se trata de la que no se ve y de la que no se es consciente. Por eso, cuando se empieza un proceso de purificación, con una actitud de entrega y abandono, toda esa suciedad, tanto la que se ve como la que no, saldrá a la superficie.

«El otro día, uno de los hijos occidentales de Amma le contó que en su país han conseguido purificar las aguas residuales y convertirlas en agua potable. ¿Cómo lo hacen? Retirando toda la suciedad. Las aguas residuales contienen todo tipo de suciedad e impurezas. Si no se quitan, no se pueden convertir en agua potable. De igual manera, ahora, nosotros somos como aguas residuales, estamos llenos de impurezas y negatividad. Así como esa agua sucia se puede limpiar mediante varios procesos, así también nosotros necesitamos de una profunda limpieza. Cuando un verdadero buscador o un devoto atraviesa este período de purificación que, a veces, resulta doloroso y que, en realidad, representa la aniquilación de sus *vasanas*, un no creyente o un escéptico suele utilizar este ejemplo como prueba de que Dios no existe. 'Si Dios existe, ¿por qué permite que una persona sufra tanto?' dice.

«Los sufrimientos y penurias que atraviesa alguien que está intentando llegar a ser un verdadero discípulo o devoto aceleran, en realidad, su proceso de purificación. A través de la aniquilación de los *vasanas* que se ven y de los que no se ven, se van disolviendo las ataduras kármicas. Lo que esta persona desea es liberarse de las ataduras mundanas y esta actitud de entrega y abandono permite que el proceso ocurra. Un verdadero buscador está tratando de disolver su mente y de traspasar tanto su intelecto como su cuerpo. Sólo quien ha pasado una larga temporada en la cárcel, puede valorar la libertad. Así mismo, un buscador que ha seguido las enseñanzas de su gurú es capaz de experimentar la libertad que supone la Realización.

«El proceso no es tan rápido en el caso de un devoto que desea conservar sus apegos, posesiones, nombre y fama. Su evolución será extremadamente lenta. Le veréis disfrutando de las mieles del lujo y de la vida, pero, en realidad, está añadiendo más a sus *vasanas*, lo cual, a su vez, prolongará la cadena de su círculo kármico. La indulgencia aumenta la distancia que hay que recorrer para volver a la verdadera fuente de la existencia; mientras que, al disolver el karma, el discípulo o devoto sincero regresará antes a su verdadera naturaleza, al Ser.»

En un tono más serio, Amma añadió: «El hombre está destinado a atravesar el ciclo. La ley del karma se basa en su experiencia cotidiana, así y todo no cree en ella y por tanto no trata de trascenderla.»

Los devotos y los eruditos siguieron sentados, escuchando con atención las profundas palabras de Amma. El silencio se prolongó durante unos instantes. En el pasado, Amma no habría contestado ninguna pregunta que se le hubiera formulado sobre el karma o la vida tras la muerte. Simplemente, zanjaba la cuestión diciendo: «No se puede explicar. Es pura experiencia. Es demasiado controvertido.» Otras veces, decía: «No necesitáis ninguna explicación. Intentad salir del círculo kármico en vez de especular sobre él.» Sin embargo, en esta ocasión, Amma se estaba explayando sobre el tema. Sus palabras, verdadero conocimiento que proviene de las alturas, arroyos invisibles de verdad que descienden de la fuente original, fluían como las aguas del Ganges hasta los oídos de los allí presentes. Casi se podían tocar las enseñanzas, sentirlas, absorberlas y llevarlas en el corazón como un valioso e inolvidable regalo de Amma para cuidar, recordar y contemplar en momentos de penuria. Nadie habló ni se movió durante un buen rato. Era como si todos estuvieran en trance debido al poder de las dulces palabras de Amma.

«Amma, esto es excepcional,» señaló uno de los invitados al cabo de un tiempo. «Las palabras de Amma han ayudado a clarificar muchas de nuestras dudas. Todos los domingos, algunos de nosotros nos reunimos en casa de un devoto. Hablamos sobre distintos temas, leemos las escrituras, compartimos las experiencias que hemos tenido junto a Amma, cantamos y meditamos. La ley del karma y sus efectos ha sido uno de los temas principales que hemos tratado. Hoy, lo hemos visto con más claridad. Pero todavía tengo una duda. Amma mencionó que el hombre es víctima del ciclo kármico. ¿Significa esto que no se puede escapar de la ley del karma?»

«No, no,» respondió Amma, «en absoluto. Alguien que no tiene fe en un Poder o ideal Supremo, no puede escapar de las garras del karma. Un creyente, que sabe que debe recoger los frutos de sus actos, realizará prácticas espirituales como *japa*, meditación y oración. Estas prácticas, junto con sus buenas acciones, actuarán como neutralizador. Las buenas acciones del presente anulan los efectos de las malas acciones cometidas en el pasado. La fe en Dios o en el gurú confiere a la persona una gran fuerza para afrontar el karma inevitable. La fe en el gurú o en Dios actúa igual que una armadura, como una fuerza protectora. Aunque el ciclo kármico sigue actuando, sus efectos disminuyen en gran medida gracias a la fe.

Nos estamos refiriendo a una persona que cree en Dios pero que lleva una vida corriente. Es posible que no dedique mucho esfuerzo a detener el ciclo del karma. Tal vez se rebele, se enfade y cometa malas acciones. Puede que anhele bienes materiales y quiera acumular riquezas pero, al creer en Dios, también se entregará a prácticas espirituales como meditar o rezar y hará buenas acciones, como dar comida a los pobres, etc. De este modo sus actos se equilibran y ese equilibrio es el que le ayuda a superar las situaciones difíciles que surgen en su vida.

«Sin embargo, el modo en que un *sadhak*, un verdadero buscador, hace frente al karma es completamente diferente del de un creyente ordinario. Un *sadhak* no se preocupa sobre si el resultado de su karma le acarreará experiencias malas o buenas. No le preocupa si encuentra fortuna o desgracias. Un verdadero buscador pone toda su energía en profundizar cada vez más en su propia conciencia. No se preocupa por los frutos de sus actos. Abandonándose totalmente a lo Divino, se concentra por completo en hacer prácticas espirituales. Simplemente, deja que las cosas sigan su curso natural y no se rebela, pues sabe que su karma es como una flecha que ya se ha lanzado. Esta debe dar en la diana. La flecha puede herirle e, incluso, matarle pero a él no le preocupa que eso llegue a ocurrir. Es como la aguja de un tocadiscos girando en los surcos de un disco. La canción suena mientras la aguja de la vida recorre los surcos del disco. Puede ser una buena canción o una canción horrible. En ambos casos, él mismo la ha creado; es su propia voz. Él sabe que debe afrontar solo todo lo que venga, aún siendo doloroso. No huirá de su karma porque sabe que se trata de un proceso de purificación y que está limpiando las manchas que él mismo creó en el pasado, en alguna vida anterior. Él desea acelerar el proceso y sabe que si se rebela no hará más que prolongar la cadena del karma; por lo tanto, permanece sereno. Además, en el caso de un *sadhak*, el karma no puede actuar con la misma intensidad que lo haría en otras circunstancias o con otras personas. El poder generado por las prácticas espirituales crea una fuerza protectora a su alrededor y, sobre todo, un buscador verdadero siempre contará con la protección y Gracia de su gurú. Así, aún en los momentos más difíciles, recibirá consuelo y ayuda.

«Hijos, un buscador verdadero cierra el flujo de la mente al pasado y al futuro. Él trata de afrontar el presente con inteligencia y discernimiento, aceptando las circunstancias de su vida sin rebelarse ante ellas, porque sabe que eso prolongaría la cadena de su karma y, por ello, intenta no reaccionar. Su único objetivo es detener el ciclo del karma y sus frutos.

«El karma personal se puede superar con facilidad mediante la gracia de un *Satguru*. Si obedecéis las instrucciones que os da un Maestro Perfecto saldréis victoriosos de todas las tribulaciones. Todos los seres humanos están destinados a pasar por ciertas experiencias, algunas buenas y otras malas. Pero si seguís las directrices de un *Satguru*, saldréis ilesos de todos los duelos. La fe que tengáis en el gurú llenará vuestro corazón y alma con una fuerza y valor inmensos. Ni siquiera la muerte os puede tocar si contáis con la guía y la Gracia del *Satguru*.»

La fe

«Pero, Amma, todo depende de la fe, ¿no es así? ¿Y qué ocurre con alguien que no la tiene?»

«Sí, por supuesto,» respondió Amma. «El amor y la fe son necesarios para conseguir fuerza y valor. La fe por sí misma puede hacer que nos llegue el constante fluir de la Gracia del *Satguru*.

«Hijos, hay muchas personas que tienen una fe absurda. No es verdadera fe. La cuestión de la fe real les acarrea sospechas y se vuelven escépticos. La mente se les llena de infinidad de dudas. Son incapaces de tener fe porque les embargan más el miedo y la incertidumbre que el amor y la confianza. Sin embargo, no dudan de su televisor o de otros objetos perecederos. Incluso personas supuestamente inteligentes ponen toda su confianza en sus coches, televisores y casas. Estos se pueden romper en cualquier momento y, aún así, la gente tiene mucha fe en ellos. ¡Qué pena! No tienen fe en su *Atman* imperecedero que es su propia existencia.

«Pero pedid a alguna de estas personas que ponga su fe en un mantra, oración o en una técnica de meditación, en un *Mahatma* o en Dios. Os hará miles de preguntas. Expresará sus miedos y dudas. No puede confiar en ellos. Quizás, os diga: 'Sabes, no tengo tiempo para hacer esas cosas. Además, considero que mi trabajo es mi *sadhana* y no creo que todo eso funcione. Hoy en día, los seres espirituales causan más daño a la sociedad que cualquier otra cosa.' Y seguirá poniendo excusas pero, lo que ocurre es que no quiere creer. A él le basta con su coche, su casa y su televisor, porque la fe en esos objetos le hacen feliz. ¿No es esta una fe absurda?

«Hijos, os voy a relatar una historia. Había una vez un hombre que estaba muy enfermo. Un día, entró en coma y todos pensaron que había muerto. Los trabajadores de la funeraria cogieron su cuerpo, lo lavaron y lo colocaron en un ataúd. Se dispusieron los preparativos para el funeral y se invitó a un cura para llevar a cabo los últimos ritos. Mientras llevaban el ataúd al cementerio, los porteadores oyeron un golpe que venía del interior. Colocaron la caja en el suelo y lo abrieron. Se dispusieron alrededor del 'muerto' y este les dijo: 'No estoy muerto. Dejadme salir de esta caja.' Ellos le contestaron: 'Lo sentimos mucho, señor, pero no puede estar vivo. El médico ha certificado su muerte y un cura la ha confirmado.' Tras lo cual, cerraron la tapa y le enterraron tal y como se había dispuesto.» Todos se rieron con ganas.

Después de una breve pausa, Amma prosiguió: «Nuestra fe en el televisor y el coche, incluso la fe que tenemos en nuestro cuerpo, es absurda a menos que comprendamos qué lugar e importancia le corresponde en nuestras vidas. Si echáis un vistazo a vuestro alrededor y observáis con detenimiento las vidas de la gente, veréis que la falta de fe es la causa de todos sus males. Sin fe, no tenéis sentimientos, ni corazón, ni amor. Esto es una verdad universal y sirve para todo el mundo. Sin fe, el miedo os invadirá y os paralizará.

«La gente tiene fe en un médico o científico porque confían en los títulos, certificados y grados que poseen, a pesar de que ese médico o científico esté atascado en el intelecto y, por ello, limitado. Como un *Mahatma* carece de títulos tan impresionantes, dudarán de sus palabras y autenticidad, dudarán de alguien que ha profundizado en los más complejos misterios del universo y posee una sabiduría y poder sin límites.

«Alguien sin fe es excesivamente sensible y frágil. Cualquier persona o cosa pueden herirle. Incluso una palabra o una mirada le harán sentirse rechazado y triste. Temblará ante las dificultades porque es incapaz de actuar o pensar con discernimiento. En momentos de debilidad, es posible que ponga fin a su vida; mientras que alguien que tiene fe está de buen humor en todo momento. No importa en qué circunstancias os encontréis, vuestra fe os protege. Por supuesto que Amma se está refiriendo a la fe inamovible en Dios o en un Maestro Perfecto, un *Satguru.*»

«Sin embargo, Amma, la gente que no tiene fe en la existencia de un Poder Supremo también lleva una vida normal, ¿no es así?» preguntó uno de los allí presentes.

Amma respondió: «Os podéis encontrar con personas que no tienen fe y que llevan vidas normales y sin muchos problemas o dificultades y pensáis: 'Esta persona no tiene fe en Dios o en un Principio Superior, pero la vida le va bien. Parece feliz y satisfecho con lo que tiene.' Sin embargo, vuestra apreciación y juicio se basan en apariencias externas. Puede dar la impresión de que todo está bien desde fuera, pero no sabéis lo que ocurre en su interior.

Es muy posible que por dentro esté vacío y no tenga entusiasmo por la vida. Sentirá una constante ansiedad y raramente se le verá relajado. Incapaz de tener fe en algo, una persona así suele tener miras muy estrechas y carecer de amor. Incapaz de manejar sus propios problemas, no se detiene a escuchar los de su esposa o hijos y al ser impaciente con los demás, se enfada con facilidad y puede llegar a herir a alguien, por lo que nadie quiere ser su amigo.

«La gente así sigue con este ritmo de vida durante algún tiempo hasta que se vuelven conscientes de su vacío. El reconocerlo les ayudará, por fin, a recurrir a algo que pueda llenar lo que les falta en sus vidas. El hueco no puede llenarse más que con amor y fe. La vida se llena y se completa sólo cuando el corazón se inunda de fe en un Poder Superior. Hasta entonces, continuará la búsqueda para llenar ese vacío. Todos esperamos llenarlo de distintas formas, trabajando duro o aferrándonos a cosas y tratando de obtener placer de ellas. Pero el hueco sigue estando ahí y no sólo eso, es posible que el abismo se haga todavía mayor.

«Cada objeto al que nos aferramos y cada pequeño deseo que realizamos son como una playa donde pensamos que podemos descansar y estar tranquilos. Recordad, cada vez que saltamos a la playa, cada vez que intentamos encontrar la estabilidad en el mundo exterior, nuestra insatisfacción se agranda. Cada vez necesitaremos más tiempo para retornar a la playa de nuestra existencia real. Pronto nos encontraremos con que todas las playas en las que esperábamos descansar, se desmoronan y se hunden. Todas las cosas en las que hemos puesto nuestra fe y esperanza resultarán ser inútiles y absurdas. Ese día llegará antes o después. Sin embargo, hasta entonces, nos encontraremos vacíos por nuestra falta de fe. Seguimos siendo escépticos y rígidos. Pero un día, seguramente gritaremos: 'Oh, Dios, estoy desamparado. Ven a salvarme. ¡Ayúdame! ¡Protégeme!' Le llamaremos cuando nos demos cuenta de que todas las esperanzas terminan en desesperación.

«Los llamados intelectuales que niegan la existencia de Dios y confían sólo en el poder de su intelecto, a menudo, se consideran superiores a los demás, sobre todo, a aquellos que tienen una fe firme en Dios. Pero, en realidad, ellos son los perdedores; ellos son los desdichados. Al no tener fe, se pierden toda la belleza y el encanto de la vida; pero no comprenden esto. Imaginad que veis una piedra preciosa en la cuneta de la carretera. ¿Qué ocurriría si pasaseis de largo sin recogerla? Perderíais la oportunidad de poseerla, ¿no es cierto? Sois vosotros los que habéis perdido una gran oportunidad. La piedra seguirá siendo preciosa y de incalculable valor. Otra persona que reconozca lo que vale se hará rica en cuanto la coja. En vez de reconocer vuestro error, en lugar de admitir vuestra ceguera, os defendéis diciendo que la piedra preciosa era una falsificación o que no os importa en absoluto. Los escépticos defienden sus creencias de igual manera, pero a Dios no le preocupa que los seres humanos no crean en Él. Aquellos que no tienen fe en lo Divino son los perdedores. Sin amor, a esas personas les falta vitalidad; son como muertos vivientes. La belleza y el encanto de la vida no brillará en personas así. Nadie se sentirá atraído por ellos; sus palabras y acciones no inspirarán a nadie, la gente no se preocupará por ellos. Incluso a su propia esposa e hijos se les hará difícil soportarles. Sin embargo, a ellos también les llegará el día en que clamen: '¡Dios mío, ayúdame!'»

Abandonarse a Dios para afrontar el karma

El invitado preguntó: «Amma, ¿hay algún período especial en la vida en el que la ley del karma comienza a actuar? ¿Es posible recibir alguna señal antes de que esto ocurra?»

Con una sonrisa pícara en la cara, Amma respondió: «Cuando los sentimientos egoístas de 'yo' y 'mío' aparecen, entonces la ley del karma comienza a actuar sobre vosotros. Cuando emerge el ego, os olvidáis de Dios. Habláis y actuáis contra las leyes de la naturaleza. Degeneráis en todos los sentidos. Todas vuestras virtudes y buenas cualidades, como la preocupación por los demás, el amor y el perdón desaparecen. Es entonces cuando la ley del karma surte efecto. Cuando le dais vueltas al pasado, cuando criticáis e insultáis a los demás por los contratiempos que ocurren en vuestra vida, cuando planeáis y soñáis un futuro lleno de promesas y os olvidáis de vivir el presente, ahí es cuando la ley del karma empieza a actuar en vosotros. Tanto en el caso de una persona en concreto o en el de una sociedad entera, esto ocurre cuando olvidamos a Dios. Es entonces cuando la gente entra en el ciclo del karma. En verdad, esta vida y este cuerpo son resultado del karma. Pero hay una manera sana e inteligente de que el karma actúe en nuestras vidas, una manera que nos permita llevar una vida feliz y alegre a la vez que nos enfrentamos a cada experiencia kármica o predestinada.»

Otro invitado preguntó: «¿Cuál es esa manera sana e inteligente de acabar con las experiencias kármicas?»

«No os olvidéis nunca de vuestro verdadero Ser,» respondió Amma. «No os olvidéis nunca de que vuestra verdadera existencia es en Dios y que todo lo que reclamáis como vuestro es pasajero. Si convertimos esto en nuestro lema y lo ponemos en práctica en nuestra vida cotidiana, tenemos la forma más inteligente de acabar con nuestras experiencias kármicas.

«Nunca os olvidéis de Dios. Nunca olvidéis vuestro verdadero Origen. Nunca os alejéis del verdadero centro que hay en vosotros. ¿Podéis hacerlo? Si es así, es posible superar la ley kármica. Si practicáis esto, el karma y sus efectos no os dañarán. El karma se neutraliza mediante la Gracia de Dios o la del gurú.

«Sin Gracia, nadie puede enfrentarse al destino. El esfuerzo humano es, en verdad, poderoso. Pero los seres humanos carecen de discernimiento. Actúan por egoísmo y es por ello que, esencialmente, sus actos no tienen efecto en lo que a su destino se refiere. Abandonaos al *Paramatman*. Actuad sin enorgulleceros de vuestro poder; orad y tratad de sentir la presencia de Dios en todo lo que hagáis. Agradeced su Gracia. Esto es lo más importante. Los seres humanos piensan que es posible oponerse al destino, pero no es así. Aunque luchéis con toda vuestra fuerza y energía, seréis derrotados y totalmente desarmados. El peso del destino os aplastará.»

Después, se planteó otra pregunta: «¿Está diciendo Amma que el hombre está desvalido ante el karma o destino?»

Amma respondió: «No, no se trata de eso. La cuestión es que hagáis frente al karma sin sentiros egoístas por vuestro propio poder, sino invocando y confiando en Dios. Sólo se puede invocar el poder de Dios cuando os habéis rendido a Él y rendirse significa ser humilde, ser capaz de inclinarse. Hijos, el camino es la humildad. Inclinaos con humildad y el karma no os afectará; pasará sobre vuestras cabezas porque sois siervos de Dios y Él os protege.

«A Amma le gustaría relataros dos incidentes que ocurrieron en la vida del Señor Krishna. Ambos sucedieron durante la gran batalla de Kurukshethra y este es el primer ejemplo. Cuando Drona, el gran maestro de armas de los Pandavas y los Kauravas, fue asesinado por los primeros, Aswathama, su hijo, montó en cólera. Se sentía tan disgustado por el traicionero asesinato de su padre que disparó el Narayanastra, el misil más destructivo de todos. Escupiendo fuego y lanzando miles de armas destructivas desde su interior, el poderoso misil hizo estragos entre las filas de los Pandavas. En unos segundos, murieron miles de soldados. El Señor Krishna era el único que sabía como evitar este gran misil. Corrió entre los batallones de soldados, instruyendo a todos para que tirasen sus armas y se echasen al suelo. La orden de Krishna fue obedecida de inmediato y la tropa Pandava al completo puso cuerpo a tierra, todos salvo Bhima, el segundo hermano Pandava, el cual permaneció en el campo de batalla gritando, vociferando y retando al arma mortal. No quería rendirse. Se negaba por completo a entregar sus armas y echarse al suelo. Como deseaba enfrentarse cara a cara con el gran misil Narayanastra, siguió retándole con descaro, provocando a Aswathama. Así que Bhima, uno de los hombres más fuertes del mundo, permaneció de pie, sin miedo, delante de la flecha.

«Por desgracia, esta era extraordinariamente poderosa y resultó demasiado colosal incluso para él. El fuego que desprendía empezó a envolver a Bhima, que seguía bailando, gritando y saltando como una bola de fuego encolerizada. Al ver el inevitable peligro que amenazaba a Bhima, Krishna y Arjuna se le acercaron corriendo, gritándole, pidiéndole que arrojase sus armas y se echase al suelo. Pero sus ruegos resultaron inútiles hasta que Krishna y Arjuna le arrebataron las armas y las lanzaron lejos. Entre los dos, le agarraron y le obligaron a tumbarse. El efecto fue inmediato; el poderoso misil se retiró y se alejó de Bhima.

«Bien, hijos, el poderoso Narayanastra representa el karma. Nada podía evitar que este atacase a los soldados; incluso los guerreros más valientes y fuertes como Bhima se encontraban indefensos ante su poder. Sólo la orden del Señor, 'Echaos, sed humildes,' podía salvarles. Bhima era un egoísta. Pensó que podía vencer utilizando su fuerza, pero fue atacado y casi derrotado. Se habría convertido en un puñado de cenizas en unos segundos si no hubiera sido por la intervención del Señor. Bhima había actuado por voluntad propia, se había esforzado, había intentado contraatacar. Había actuado, pero de manera errónea, en el momento y lugar equivocados.

«El Mismo Señor les instruyó: 'Echaos, abandonad vuestras armas.' Pero Bhima era demasiado egoísta para obedecer. Pensó que era grande, poderoso, que nadie le podía derrotar. La mayoría de las personas son egoístas y piensan que pueden hacer muchas cosas, pero el destino es mucho más potente y os destruirá a menos que sigáis las enseñanzas de un Maestro Perfecto o de Dios. Incluso entonces, el Señor le salvó porque Bhima estaba dispuesto a rendirse. Siempre había obedecido a Krishna, así que el Señor tuvo compasión de él y le salvó.

«Hijos, ante las experiencias kármicas, las armas del ego y la fuerza no valen para nada a menos que las abandonéis siguiendo las instrucciones del gurú y os entreguéis con humildad. No podéis escapar del karma. Si la Gracia de Dios o del gurú están con vosotros, la flecha del karma, que ya ha salido disparada del arco de vuestro pasado, no os herirá.»

Después de una breve pausa, la Madre continuó: «Escuchad, ahora, este segundo incidente que ocurrió en el mismo campo de batalla del Mahabharata. En la lucha entre Arjuna y Karna, Karna era muy superior en el manejo del arco y la flecha. Con intención de herir a Arjuna en la cabeza, disparó un misil divino. El Señor Krishna, quien conducía el carro de Arjuna, previó el gran peligro kármico que acechaba a este. De inmediato, el compasivo Señor, presionando con su pulgar, obligó a los cuatro caballos a arrodillarse. Es más, la poderosa presión que el Señor ejerció con su pulgar hundió las ruedas del carro unos cuantos centímetros dentro de la tierra. Esto permitió que la flecha sólo se llevase la corona de Arjuna sin lastimar ninguna parte de su cuerpo.

«Aquí hay también varios puntos que recordar. En primer lugar, era el mismo Señor el que llevaba el carro de Arjuna, lo cual significa que Arjuna eligió al Señor para llevar las riendas del carro de su vida. Antes de que comenzase la batalla, a Arjuna y a Duryodhana se les dieron dos opciones. Krishna les dijo: 'Puedo dejar el control de todo mi ejército a uno de vosotros, pero yo no iré. O puedo ir, conduciendo vuestro carro, pero desarmado, y mi ejército os ayudará a derrotar a vuestro enemigo. ¿A quién elegís, a Mí o a Mi ejercito?' Sin dudarlo un instante, Arjuna replicó: 'Te elijo a ti, Señor. Tú solo eres suficiente. No necesito al ejército.' Así que Arjuna eligió al Señor como Maestro. Al rendirse, Arjuna obtuvo la Gracia del Señor. Arjuna tuvo capacidad de discernimiento; él no eligió a soldados humanos como amigos y ayudantes, eligió la ayuda del Señor Divino. Ahí está la diferencia. La Gracia del Señor hace que la flecha kármica pase por encima de vuestras cabezas, tal vez destruyendo una corona insignificante o algo parecido pero salvándoos de un contratiempo fatal.

«Arjuna era muy poderoso, pero no tan poderoso como Karna. Arjuna representa la acción, el esfuerzo humano; Karna es el destino que os aguarda. Karna era mucho más poderoso que Arjuna. Sin embargo, todos los esfuerzos de Arjuna no le habrían ayudado a salvar su vida ante la flecha fatal de Karna si la Gracia del Señor Todopoderoso no hubiera estado allí. Como podéis ver, Duryodhana tenía un ejército más grande y mejor que los Pandavas. Contaba en sus filas con muchos guerreros valiosísimos. Su ejército era más poderoso desde todos los puntos de vista. Duryodhana y su ejército representan la fuerza y el poder humanos sin la Gracia. Los Pandavas contaban en sus filas con el Señor Krishna, la mismísima fuente de Gracia y poder. Estaba escrito que la batalla tenía que ocurrir. Nadie podía evitarlo. Era la culminación de todas las acciones pasadas realizadas tanto por los Kauravas como por los Pandavas. Era el fruto de sus acciones. Pero la auto-rendición, la fe y la devoción ayudaron a los Pandavas a superar la situación, mientras que la arrogancia, la malicia y el egoísmo arruinaron a los Kauravas. Ellos fueron víctimas fáciles de la poderosa fuerza del karma.»

Amma se detuvo y dijo: «Hijos, ya hemos hablado bastante por hoy.»

Uno de los invitados del grupo tenía conocimientos de música clásica india y había compuesto varios cantos. Expresó su deseo

de cantar para la Madre y sentado ante el harmonio, entonó
Paravasamannen Hridayam.

Oh, Madre,
Mi mente está profundamente angustiada
Y son muchos los pensamientos que me distraen.
No esperes más tiempo,
¡Presta atención a este indigente!

Por favor, sabe que estoy cayendo sin remedio
En el profundo mar.
Oh, Madre, cuyo glorioso pasado todos conocemos,
¿No vas a venir
A aliviar mis llorosos ojos?
Mi mente está confundida por innumerables olas
De desesperación
Estoy atrapado en un océano de fuego
Y no puedo alcanzar la costa.
Sin haber contemplado tus Pies de Loto.

Cuando el devoto comenzó a cantar, Amma cerró los ojos y se
sentó en una postura de meditación perfecta. El hombre cantó
con mucho sentimiento y los allí presentes estaban visiblemente
emocionados. Cuando la canción alcanzó su momento más álgido,
y el hombre lloraba al cantarla, Amma alzó su mano derecha,
dobló los dedos anular y corazón y estiró los demás representando
un *mudra* divino. Su mano izquierda descansaba sobre su muslo
y una sonrisa radiante iluminaba su cara. Aún después de que
la canción hubiera terminado, Amma continuó en este estado.
Su ánimo divino inspiró al visitante, quién entonó otra canción,
Ehi Murare.

Oh, Destructor de los demonios Mura y Madhu,
Oh, Kesava, Océano de Compasión,
Amigo de aquellos que se acercan a ti con humildad,
Asiduo de las arboledas del bosque,
Oh, El Bendecido, El de hermoso rostro,
¡Ven a mí!

Oh, Krishna,
Sereno Madhusudana,
Hay cientos de abejas
Entre los árboles del bosque.
Krishna, mi juguetón Amado,
¡Oh, sereno Madhusudana,
Te pido el don de tu Darshan!

Oh, Encantador de Radha,
Asesino de Kamsa,
Oh, Krishna, me postro a tus Pies
Que quitan todo dolor.
Oh, Janardana, vestido de amarillo,
¡Ven a mí en la arboleda de Mandhara!

Todo el mundo respondió a este segundo canto con gran devoción y amor, algunos marcando el ritmo con las manos a medida que cantaban. Transcurridos unos minutos después de acabar la canción, abandonaron la cabaña siguiendo las instrucciones de uno de los *brahmacharis* de más antigüedad. Habiendo sido transportada a otro lugar por las canciones del devoto, Amma permaneció en este estado sublime durante algún tiempo.

Capítulo 4

Lunes, 3 de septiembre de 1984

Aquella mañana temprano, en el porche del templo, Amma estaba consolando a una mujer de la vecindad, que lloraba mientras se quejaba de su marido. «Ammachi,» dijo, «¿estoy destinada a sufrir así durante el resto de mi vida? Tengo siete hijos. La mayor no está casada todavía y ya tiene 28 años. Mi hijo, el quinto, es muy bueno en sus estudios y estoy intentando enviarle a la escuela. En casa, tenemos que conseguir mejores condiciones para que él se pueda concentrar en sus estudios, pero mi marido lo estropea todo. No trabaja para apoyarnos económicamente ni nos ofrece apoyo emocional.»

Sin poder contenerse más, la mujer se sentó en el porche y rompió a llorar. Amma se sentó junto a ella y, con delicadeza, alzó su cabeza. «Hija, no te preocupes,» le dijo mientras le enjugaba las lágrimas, «Amma va a intentar hablar con tu marido. Esperemos que escuche a Amma. Si sigue comportándose de igual manera, Amma te ayudará. No llores, cálmate.»

Colocando la cabeza de la mujer sobre su hombro, Amma besó sus mejillas y continuó expresándole su afecto y preocupación. La mujer empezó a relajarse. «Ammachi,» dijo, obviamente consolada, «mi marido te respeta mucho y habla muy bien de ti. Pero no se puede confiar mucho en él.»

Amma le respondió: «Deja que Amma lo intente.» Tras lo cual, se levantó y, cuando estaba a punto de irse, la mujer la llamó: «¡Ammachi!» La Madre se giró. «¿Qué ocurre, hija? ¿Necesitas algo?» La mujer dudó unos instantes antes de decir: «Ammachi, no tenemos comida en casa. Llevo dos días sin trabajar. Hasta ayer, me las he arreglado con los pocos ahorros que tenía, pero hoy ya no me queda ni un céntimo. Además, mi hijo, el que es tan buen estudiante, tiene una fiebre muy alta y no encuentro modo de llevarle al hospital ni de comprarle las medicinas que el médico le recete.»

Amma le respondió con una sonrisa: «¿Por qué has dudado en contárselo a Amma?» Después de decir esto, pidió a Kunjumol que llamara a Gayatri. Esta llegó enseguida y Amma le susurró algo al oído. Gayatri se fue y, mientras la esperaban, Amma habló de temas más ligeros con la mujer.

Cada vez que Amma conversa con los habitantes del pueblo, se hace una de ellos y una con ellos. Éstos se encuentran tan a gusto en su presencia, que le abren el corazón por completo. Se lo cuentan todo, desde lo más profundo a lo más mundano. Amma no muestra ninguna impaciencia; escucha atentamente todo lo que le tienen que decir y les hace sentirse relajados y cómodos. Muchos de ellos no son devotos, y algunos, incluso, ni siquiera creen en Dios. Sin embargo, a todos les conmueve la Madre de una forma u otra. Después de hablar con la Madre sobre sus problemas, suelen comentar: «Sea lo que sea, ella te da alivio y confianza.»

Gayatri volvió enseguida con un bolso de tela lleno de arroz, fruta y verdura. Amma cogió el bolso de sus manos y se lo entregó a la mujer. Volviéndose a Gayatri, Amma le dijo: «Dale el dinero.» Gayatri le entregó algo de dinero a la mujer, mientras Amma le explicaba que debía utilizarlo para llevar a su hijo al hospital y comprar cualquier medicina que necesitase. La mujer se fue del ashram con el corazón lleno de gratitud y amor.

Vivir a la espera del Señor

Después, Amma se dirigió a las cabañas de los *brahmacharis*, deteniéndose unos minutos en cada una, para instruirles sobre como colgar la ropa, cómo cuidar del altar adecuadamente, como conservar sus libros y objetos personales además de otros consejos. En una de las cabañas, vivía un *brahmachari* un tanto descuidado que no la mantenía limpia. Muchos de sus enseres estaban esparcidos por la habitación y el polvo cubría la foto del altar. Con una mirada severa, Amma se dirigió hacia él: «Hijo, ¿es ésta manera de cuidar tu habitación? Sólo una persona sin *sraddha* o *bhakti* haría esto. Mira tu ropa. Mira todos los libros esparcidos por el suelo. Mira cuánto polvo tiene esta foto, tu *dhyana rupam* (la forma de la meditación).»

Amma cogió la foto y, mostrándosela a los demás, dijo: «Miradla, así es como él medita. Mirad que poco cuidado tiene con su *dhyana rupam*. ¿Cómo puede hacer esto alguien que siente amor por su Amada Deidad o su gurú? Se dice que uno debería amar a su Amada Deidad tanto como uno se ama a sí mismo.» Volviéndose al descuidado *brahmachari*, ella prosiguió: «Es evidente que hace mucho tiempo que no limpias esta foto, lo cual muestra que no sientes amor por tu Amada Deidad.»

«Hijos, se supone que un *sadhak* ve la divinidad o la presencia de su gurú o de Dios en todas partes. Cuando una persona intenta ver y sentir la Divina Presencia en todas partes, llega a valorar la limpieza externa porque cree que su Dios o su *Ishta Devata* habita en todas partes, camina por todas partes y se sienta en todas partes. El *sadhak* espera su llegada con inmenso amor, devoción y gran expectación. El buscador tiene una sed insaciable de beber en su belleza, de llenar su corazón con la presencia del Señor, por ello, espera con ansiedad. En cada paso que oye, en cada movimiento que siente, en todas y cada una de las cosas que mira, espera ver a su Señor, a su Amado Dios o Diosa. No puede ofrecer un lugar sucio a su Señor. No puede darle la bienvenida en un lugar desordenado y descuidado. El Señor es su Amado. Pero también sabe que el Señor es omnipotente, omnipresente y omnisciente y que Él es el más puro de los puros. Esta conciencia le llena de admiración y reverencia.

«¿Qué le ofrecéis vosotros a la persona que más amáis, a vuestro ser más querido? ¿Qué le daríais a él o a ella? Sólo cosas buenas. Nunca se os ocurriría ofrecerle algo malo, ¿no? Claro que no. Así, el amor y el afecto que sentís hacia el Señor, hacia vuestra Amada Deidad o hacia vuestro gurú, se reflejan en vuestras acciones, en la belleza de vuestros actos. Eso no significa que Dios sólo aceptará lo que sea bueno. Es cierto que Él aceptará cualquier cosa que se le ofrezca con devoción y amor. Sin embargo, no hemos alcanzado ese estado de amor supremo donde todo, incluso vuestra propia individualidad, se olvida. En ese estado de amor supremo se transcienden tanto la pureza como la impureza.

«El estado de espera continua, cargado de intenso anhelo por la llegada del Señor o del gurú es lo que caracteriza a un verdadero devoto. Un buscador así siempre está dispuesto a recibir a su Señor; por lo tanto, siempre está preparado tanto interna como externamente para recibir a su gurú o a su Señor.»

Un *brahmachari* preguntó: «¿Podría Amma especificarnos un poco más qué significa esperar?».

«Hijo, esperar con anhelo al Señor debería ser la actitud mental constante de un *sadhak*. Siempre que estéis a la espera, deberíais prepararos para recibir y dar la bienvenida al Señor. El altar no es sólo un lugar para poner fotos; es el lugar especial donde habita vuestro Señor. Con este sentimiento, no podéis ser desordenados ni sucios. Aún si vuestra casa es pequeña, aunque sea diminuta, deberíais mantenerla limpia. Intentad que esté tan serena como un templo. También debéis mantener así los alrededores. Deberíais arreglar, reorganizar y mantener limpia vuestra habitación de manera que pareciera que estáis constantemente esperando dar la bienvenida a vuestro Señor. El recuerdo de que 'mi Señor' o 'mi Amma' pueden entrar en cualquier momento, os ayudará a mantener la habitación limpia y ordenada, puesto que desearéis ponerla en condiciones para que él o ella entren y se sienten. Vuestra actitud mental, vuestra pureza y limpieza también se reflejarán en vuestros actos. «Habéis oído hablar de Sabari, la gran devota del Señor Rama. Tal era su actitud. Cada instante de su vida esperaba a su Señor, ya que pensaba que en cualquier momento podría aparecer y por ello debía estar bien preparada para recibirle. Y lo estaba. Sabari siempre mantenía su casa y los alrededores cuidados y limpios. Todos los días, limpiaba la habitación y preparaba la cama para que el Señor descansase; también decoraba la casa y no se olvidaba de engalanar el camino que conducía a su sencillo hogar con flores frescas y fragantes. Escogía los frutos más frescos y selectos para que el Señor los comiera. Todos los objetos de la *puja* necesarios para el aseo ceremonial de los pies del Señor estaban siempre relucientes y dispuestos para su uso. Cada día, decoraba con primor el asiento reservado para su Señor. Una dulce fragancia impregnaba la atmósfera. Todas las mañanas, Sabari tejía una guirnalda con flores recién cortadas. El nombre del Señor estaba constantemente en sus labios. Con los ojos fijos en el camino de entrada a su casa, Sabari, la gran devota, esperó y esperó durante mucho tiempo.

«Las Gopis también esperaron de igual manera después de que Krishna abandonase Brindavan. Enloquecieron cuando Krishna salió para Mathura y quisieron detenerle. Cuando los mensajeros del Rey Kamsa, Akrura y Uddhava, fueron a llevar a Krishna de nuevo a Mathura, las Gopis les reprendieron con severidad. Tal era su angustia, que responsabilizaron a esos dos inocentes mensajeros de que Krishna se hubiera marchado y los maldijeron por ello. 'No os preocupéis. Tengo una misión que cumplir en Mathura,' dijo Krishna. 'Una vez finalizada, no me quedaré ni un segundo más. Me apresuraré hasta vosotras, mis bien amadas. ¿Cómo podría estar lejos de vosotras que sois la mismísima encarnación del amor?' Pero Krishna nunca regresó a Brindavan.

«Para las Gopis, la marcha de Krishna representó el comienzo de una larga e interminable espera llena de anhelo y esperanza. Cada día, ellas preparaban mantequilla y *ghee* en sus hogares, por si Krishna volvía. Decoraban sus casas y dibujaban variados diagramas y símbolos de buen augurio en los patios delanteros para recibir a su amado Krishna. Con la mirada fija en la puerta de entrada, así esperaban las Gopis un día tras otro. Después de que Krishna se marchase, sus ojos estaban siempre llenos de lágrimas. Para ellas, todos los aspectos de la naturaleza - los animales, pájaros, árboles, arbustos, plantas, trepadoras, flores, ríos, montañas y valles - estaban esperando a Krishna. Finalmente, su anhelo las transformó en *Krishnamayis*; estaban totalmente impregnadas de Krishna.

«Hijos, por eso Amma dijo que os faltan fe y amor. Si los tuvierais, habríais estado preparados y esperando para dar la bienvenida a vuestra Amada Deidad o a Amma en cualquier momento. Si así hubiera sido, esta habitación no habría estado tan desordenada. Por el contrario, habría tenido la serenidad y pureza de un templo. Esto demuestra vuestra falta de *sraddha* y de *bhakti* las cuales son las cualidades más básicas que debe tener un *sadhak*.»

Amma cogió la fotografía y, con uno de los extremos de su sari, le quitó el polvo. Después de colocarla de nuevo en el altar, ella misma comenzó a recoger del suelo la ropa y los libros. Mientras colocaba los libros en una pequeña estantería de un rincón, dijo: «Mirad, este cogió los libros de la estantería pero no se molestó en ponerlos en su sitio.» Acto seguido, pidió a uno de los *brahmacharis* un poco de cuerda. Mientras esperaba que se la trajeran, Amma se giró de repente y le habló al *brahmachari* que ocupaba esta habitación: «A lo mejor te estás preguntando,

'¿Porqué le está dando Amma tanta importancia a un asunto tan nimio?' Crees que es el corazón el que necesita purificarse y el que debería convertirse en un altar para Dios.» Volviéndose hacia otro de los *brahmacharis*, ella dijo: «Cree que la limpieza externa no es muy importante.'¿No mordía Sabari cada fruta que ofrecía al Señor Rama para asegurarse de que estaba madura y dulce? ¿No ofrecía Kannappa[4] al Señor carne y flores que él mismo había llevado en su propia cabeza? Incluso bañó una imagen del Señor con el agua que había llevado en su boca.' Eso es lo que está pensando.» El *brahmachari* se puso pálido e inclinó la cabeza. Aunque, muy alegre, Amma había dicho exactamente lo que él estaba pensando. Tras unos instantes, levantó la cabeza y habló con un tono de auténtico arrepentimiento: «Amma, por favor, perdóname,» dijo. «Lo que acabas de decir es totalmente correcto. Has comprendido todos mis pensamientos. Amma, por favor, ilumíname.» Sus ojos estaban llenos de lágrimas.

---

[4] Kannappa era un cazador que llegó al templo de Shiva mientras estaba en el bosque. Espontáneamente, sintió una gran devoción por la imagen del Señor Shiva que allí se encontraba. Aunque no sabía nada sobre el ritual de culto, sintió la realidad de la existencia del Señor en la imagen y comenzó a venerarla a su manera. Le ofreció carne de jabalí recién capturado, llevó agua del río en su boca y la roció sobre el Señor para bañarle y adornó al Señor con las flores que llevaba en su pelo. Desde el punto de vista ortodoxo, todo esto era un sacrilegio en contra de las normas de pureza ritual. El sacerdote que hacía regularmente la adoración encontraba la carne todas las mañanas y se enfurecía. Al cabo de un tiempo, soñó que el Señor le decía que Kannappa era su mayor devoto y que se lo mostraría al día siguiente. El sacerdote se escondió en el templo a esperar a Kannappa. Cuando éste comenzó el ritual de adoración, se dio cuenta que uno de los ojos del Señor sangraba. Probó varios remedios, pero ninguno detuvo la hemorragia. Al final, decidió dar su propio ojo a cambio del ojo enfermo del Señor. Se sacó el ojo y lo colocó sobre el del Señor. Entonces, el otro ojo del Señor comenzó a sangrar también y el devoto resolvió sacarse el ojo que le quedaba. Al ver su devoción, el Señor le devolvió la vista y extendió su fama.

Aunque el *brahmachari* estaba un poco molesto al haber sido evidenciado delante de todos, su confesión provocó mucha risa. Amma se animó y empezó a reírse como una chiquilla. Mientras se reía, empujaba a los que tenía a su lado. En una de esas, le cogió a Balu de su larga cabellera y tiró con fuerza. «¡Ay!» gritó, lo cual hizo que los presentes se rieran a carcajadas.

Cuando se calmaron, Amma se sentó y prosiguió: «Hijo, tu pensamiento es correcto. Pero, ¿es tu mente tan pura como eran las de Sabari y Kannappa? Es verdad que el comportamiento de Kannappa y Sabari no se ajustaba a las reglas tradicionales; pero sus corazones eran puros. Eran tan inocentes como niños. ¿Tenéis vosotros este tipo de pureza e inocencia? ¿Seríais capaces de sacaros los ojos como hizo Kannappa? ¿Seríais capaces de hacer un sacrificio así? O, ¿podéis ser como Sabari, que esperaba a su Señor día tras día con el corazón lleno de intenso anhelo y amor? No podéis hacer ninguna de las dos cosas; así que, ¿qué significan esos pensamientos tan altaneros?

«Kannappa y Sabari realizaban estas ofrendas a su Señor por puro e inocente amor. Cuando vuestro corazón está lleno de amor inocente, os encontráis ausentes, el ego se ausenta. En un estado así, sólo el Amor está presente; en ese estado, la individualidad desaparece y llegáis a ser uno con el Señor. Os hacéis tan inocentes como un niño. Cuando un niño ofrece algo, no se puede rechazar, porque el amor de un niño es inmaculado y puro. Cuando habitáis en el amor puro e inocente, no existen dualidades como pureza o impureza, bondad o maldad, etc. Sólo hay amor. No se puede rechazar el amor puro. Cuando Kannappa y Sabari ofrecían algo al Señor, los objetos no eran muy significativos en sí mismos; eran sus corazones llenos de amor lo que ofrecían al Señor. Se ofrecían a ellos mismos, como niños, tan llenos de amor que trascendieron incluso el concepto de pureza e impureza; se olvidaron sobre lo que se debía y lo que no se debía hacer.

«Hijo, cuando la gente no puede hacer algo o le resulta muy difícil conseguirlo, trata de justificar sus propias acciones. Así es la naturaleza humana. Cuando se da cuenta que va a perder, busca la salida. Aún si esto no tiene mucho sentido, lo racionaliza. Este es un *vasana* muy sutil, otro de los trucos de la mente. Tened cuidado y estad alerta ante este aspecto de la mente. Un buscador no debería caer presa de tal debilidad mental.»

El *brahmachari* que había ido a buscar cuerda regresó. Amma se levantó y la cogió. Con la ayuda de los otros que estaban en la habitación, ató cada extremo en dos palos opuestos de la cabaña, originando un tendedero. Después, comenzó a doblar la ropa una a una y la colgó en la cuerda. Tras ello, Amma se dio una vuelta por la habitación y recogió todos los objetos inútiles e innecesarios que estaban dispersos. Algunos de estos habían sido introducidos en las paredes, hechas de hojas de cocotero, y otros se amontonaban en un rincón oscuro de la cabaña. Había trozos de papel, ropa vieja, un cepillo de dientes desgastado y un tubo de pasta dentífrica vacío, bolígrafos rotos y muchas cosas más. Antes de tirarlo todo a un viejo balde convertido rápidamente en cubo de basura, Amma preguntó al *brahmachari* que vivía en la cabaña: «¿Quieres esto? o ¿necesitas esto para algo?». Si él decía que no, Amma lo arrojaba al cubo y si decía que sí, se lo devolvía. La operación duró un buen rato.

Lo siguiente que Amma inspeccionó fue el *asana* desplegado delante del altar. Era un trozo de tela grueso sobre el cual el *brahmachari* se sentaba para meditar. Amma lo olisqueó y su gesto indicó que tenía mal olor. Entregándoselo a otro *brahmachari*, dijo: «Lávaselo.»

Ahora, todo estaba ordenado y, para terminar, Amma barrió la habitación. Un *brahmachari* encendió incienso y Amma se sentó sobre una esterilla para descansar un momento. Gayatri se acercó y ofreció a Amma algo de beber. Amma dio un sorbo y le devolvió el vaso. Gayatri aguardó mientras sostenía el vaso, esperando que Amma pidiese más; pero no fue así. «¿Quieres más, Amma?» preguntó Gayatri. «No, ya tengo bastante,» fue su respuesta. Amma pidió a Gayatri que se sentase a su lado y así, se tumbó, descansando la cabeza en el regazo de Gayatri mientras cantaba *Kannunir toratha ravukal.*

¿Cuántas noches he pasado
con los ojos llenos de lágrimas?
Oh, El Compasivo,
¿Por favor, no vas a venir hoy?
Oh, Sridhara Krishna,
Cada instante de espera
Soy capturado por un eón
Bajo una lluvia de fuego abrasador.

Te espero todas las noches,
Creyendo que las bailarinas espadas de los relámpagos
Son un signo de tu boato.
Permanezco donde estoy,
Esperando que cada susurro que emerge de la oscuridad
Sea el sonido de tus pisadas.

Oh, Kanna,
Eternamente libre de dolor,
Cuyo corazón el Amor suaviza.
¿Cuándo podré ver tu hermosa sonrisa?
¿Cuándo vendrás a salvar a esta llorosa niña
Que se está ahogando en sus lágrimas?

Oh, Madhava Krishna,
Bendíceme para que pueda renacer
Como una brizna de hierba

O como un grano de arena en tu camino.
O mejor, conviérteme en sándalo
Para que me utilicen los sirvientes de tus devotos.

Después de la canción, Amma permaneció abstraída durante un rato. Cuando abrió los ojos, el mismo *brahmachari* habló de nuevo: «Al limpiar mi habitación, Amma me estaba castigando.» Al instante, él mismo se corrigió: «Perdóname, Amma, no debería emplear la palabra 'castigar'. Ya sé que no nos castigas, que sólo nos corriges para que aprendamos mejor. Las lecciones que recibimos mediante tus palabras y actos son para nuestro propio bien. Amma nos 'castiga' sólo por amor y compasión. Pero somos tan ignorantes que la mayoría de las veces nos olvidamos de ello. Cuando Amma expuso mis pensamientos, mientras ella limpiaba mi habitación, y, sobre todo, cuando ella cogió mi sucio *asana* y se lo entregó a otro *brahmachari*, pidiéndole que me lo lavara, me sentí terriblemente avergonzado y herido. Pensé que Amma me estaba intentando humillar deliberadamente delante de todos los demás. Sé que no es esta la actitud que un *sadhak* debería tener. Sin embargo, Amma, me siento desesperado porque estas tendencias y sentimientos negativos son muy fuertes.» Sus ojos estaban llenos de lágrimas y un nudo en la garganta no le permitía continuar.

Amma acarició la frente y la cabeza del *brahmachari* con mucha ternura y amor. «Estas lágrimas son las impurezas que tienes dentro,» le dijo. «Estas lágrimas deberían transformarse en 'esas' lágrimas. Estas lágrimas provienen del dolor y la angustia causadas por el mundo. Pero 'esas' lágrimas son lágrimas de felicidad que surgen del puro amor y de la devoción.» Amma sonreía mientras hablaba y parecía que su sonrisa y sus ojos tenían el poder suficiente para quitar cualquier dolor. El toque divino de la mano de Amma calmó al *brahmachari* y la pesadez nacida de una conciencia culpable siguió saliendo en forma de lágrimas.

Después de llorar durante un buen rato, logró controlar su llanto y enseguida pareció más relajado y libre del dolor mental. El *darshan* de Amma es un proceso curativo, un maravilloso y divino proceso curativo. Sus manos curan las heridas causadas por un pasado doloroso, su presencia purifica, eleva y nos lleva hacia nuestro verdadero Ser. Amma es la encarnación de la pureza. Así, todos aquellos que entran en contacto con ella, se transforman y se limpian. En algunos casos, se puede ver esta purificación, mientras que en otros, es muy sutil. Cuántos de los devotos de Amma están familiarizados con ese abrazo aparentemente inocente que transforma vidas y con esa mirada que derrite corazones. Tanto si sois conscientes de ello como si no, tanto si os sentís merecedores de ello como si no, esta purificación ocurre. Así como un trozo de hierro se magnetiza al frotarlo constantemente con un poderoso imán, un alma corriente se transforma en un ser espiritual a través del contacto y de la compañía constante de un *Mahatma* como Amma.

Cómo hacer frente a los insultos

Ahora que el *brahmachari* se sentía mejor, Amma siguió hablando: «Hijo, no hay nada por lo que preocuparse. Surgirán los sentimientos negativos; es el pasado. Al menos, has confesado tus sentimientos. Eso significa que no eres un hipócrita. Hay muy poca gente que pueda permanecer tranquila e indemne cuando se muestran sus faltas y debilidades. Estos sentimientos heridos han salido a la superficie ahora, en presencia de Amma, y los sentimientos negativos desaparecerán con tu amor por ella. Pero en otros casos, la negatividad permanece y así crea otra herida profunda. Tened cuidado con esto.

«La negatividad acumulada formará una larguísima cadena en vuestro interior. Os han insultado y os han reñido muchas veces en los innumerables nacimientos que habéis tenido. Cuando alguien os insulta, lo hace desde su pasado, y cuando vosotros reaccionáis, también lo hacéis desde vuestro pasado. Ambos habéis sido víctimas de insultos y habéis hecho a otros vuestras víctimas tanto en vidas anteriores como en esta. Por eso, todas vuestras acciones y palabras, ya sean positivas o negativas, reflejan el pasado. La acumulación del pasado se encuentra en vuestro interior, y el almacén está lleno, incluso sobrecargado. En primer lugar, para vaciar el ego, el cual es la suma total de todos estos sentimientos negativos, deberíais sentir toda su pesadez. En verdad me maravilla que no sintáis la pesada carga. Empezar a sentir esa pesadez es una buena señal. De ahora en adelante, comenzaréis a descargarla.

«Amma ha escuchado la historia de un discípulo cuyo maestro le instruyó de esta manera: durante tres años, tenía que dar dinero a todo el que le insultara y no debía replicarle. Una vez que este periodo de prueba terminó, el maestro le dijo: 'Ahora puedes ir al mundo del verdadero conocimiento y aprender sabiduría.' Cuando el discípulo estaba a punto de entrar en el mundo del verdadero conocimiento, se encontró con un sabio sentado a la puerta insultando a todos los que entraban y salían. Este hombre también insultó al discípulo, quien inmediatamente se echó a reír. '¿Por qué te ríes cuando te insulto?' le preguntó el sabio. 'Porque durante tres años he pagado por esto y ahora me lo das a cambio de nada' respondió el discípulo. El hombre sabio le contestó: 'Entra en el reino del conocimiento; es todo tuyo.'

«Reíros de corazón de aquellos que os insultan, mientras veis cómo su pasado se refleja en sus palabras. Premiad a aquellos que os insultan. Intentad no replicarles nada malo y poco a poco, a su debido tiempo, tratad de no guardar ningún resentimiento hacia ellos. Actuad, pero no reaccionéis. Si lo hacéis así, entraréis en lo más profundo de vuestra propia conciencia.

«Ahora, cuando pensabas que Amma te estaba insultando, te mantuviste tranquilo y no reaccionaste. Es más, confesaste que te sentías herido cuando Amma pronunció esas palabras. Esa es una buena señal. Intenta hacer lo mismo con otros. Cuando te insulten o se enfaden contigo, intenta no responder, mientras imaginas que estás en presencia de Amma y que reaccionar así sería una falta de respeto. Trata de respetar a la otra persona, porque en verdad, está haciendo algo bueno para ti. Te está enseñando a guardar silencio y a tener paciencia. Empieza a sentir piedad por él, por su pasado herido y siente verdadera compasión y preocupación por él. 'Pobre hombre, sufre por todas esas profundas heridas del pasado, está enfermo. Debería ayudarle tanto como pueda.'

«Puede que todavía reacciones por dentro y que te hierva la sangre. Sin embargo, mediante un adecuado entendimiento y con conciencia, trata de comprender que quien te acusa está sufriendo por sus heridas pasadas. Y tú no quieres hacer daño a una persona herida y que sufre, porque eso es crueldad y tú no quieres ser cruel. Eres un *sadhak*, un buscador; y deseas ser amable y compasivo.

«Es posible que sientas respeto pero no compasión ni preocupación. Una vez que aparece la compasión, perdonas al otro y olvidas sus insultos. Una persona compasiva no puede reaccionar, sólo puede sentir compasión. En tu estado mental actual, esto es difícil de lograr, pero está bien. Soltar no es tan fácil. Puede que no sientas amor. Tal y como te ha ocurrido en esta ocasión con Amma. Primero tu silencio provenía del respeto y la reverencia o, llámalo miedo, por Amma. Pero todavía reaccionaste un poco por dentro. Después, reflexionaste lo suficiente como para confesar esa reacción mental a Amma. Así que, si sientes respeto por la otra persona, considéralo como un maestro que te enseña paciencia; o, si puedes imaginarte que Amma te está hablando a través de él, podrás guardar silencio. Es como cuando tu profesor de escuela te riñe por portarte mal en clase o por no haber estudiado la lección bien. Tú no le replicas; te callas por respeto, ¿no? Guarda silencio y retírate de la persona que te insulta porque si permaneces físicamente a su lado, al cabo de un tiempo puede que reacciones, aunque hayas conseguido no decir nada al principio. Así pues, aléjate físicamente de ese tipo de situación.

«Si tienes que quedarte, intenta traer a tu memoria recuerdos queridos, como los sucesos más inolvidables que te acontecieron con tu maestro espiritual, el día en que lo conociste, cómo él te mostró su compasión y su amor por ti. Recordar ideas que elevan y acariciar dulces recuerdos puede ayudarte a guardar silencio.

«Sin embargo, aunque seas capaz de permanecer en silencio mientras él te insulta, puede que todavía tengas pensamientos de odio y venganza hacia él por su conducta mezquina y abusiva. Pero tú también debes tener cuidado de no abrigar ningún sentimiento vengativo hacia esa persona. No lleves la herida del enfado y el odio en tu mente. Recuerda que él quería enseñarte algo, que tenía un mensaje para ti. Debes tener oídos y corazón para escuchar el mensaje y absorberlo. Más tarde, tendrás que trabajar para aceptar esto. Medita, reza, canta, repite tu mantra y reflexiona profundamente para librarte de estos y otros obstáculos emocionales.»

Capítulo 5

Un inolvidable paseo en barca

Viernes, 7 de septiembre de 1984

Por la tarde, Amma quería visitar la casa de un devoto que vivía en un pueblo cercano. Como la casa se encontraba a varios kilómetros de distancia del ashram, Amma decidió viajar hasta allí en barca. Nada más terminar los *bhajans* de la tarde, Unni, que vivía justo delante del ashram, ya tenía la barca preparada. Amma, Gayatri, Damayanti-amma (la madre de Amma), Harshan (primo de Amma), Sathish (hermano de Amma), Balu, Rao y Srikumar componían el grupo. Para las ocho y media de la tarde, se habían puesto en marcha con Unni al mando de la barca.

Mientras navegaban, el reflejo de la luna en la superficie del agua creaba un juego de luces y sombras y su luz bañaba toda la naturaleza. La inmensidad y extensión del cielo lograban aquietar la mente. Una suave brisa completaba ese sentimiento de calma. Amma tenía la mirada fija en el pacífico cielo. Sentada en la barca, estaba extraordinariamente hermosa bajo la luz de la luna.

Unos instantes después, como si le hablase a la luna, al cielo, al infinito o a algo desconocido para los demás, Amma señaló con su dedo índice algo indefinido. Siguió así durante unos momentos y después comenzó a cantar. El resto de los pasajeros respondió con energía, entusiasmo y alegría al canto *Adiyl parameswariye*.

Oh, Diosa Suprema,
Madre del universo,
Tú eres mi único objetivo en este mundo.

Oh, Madre, de hermosos ojos
Como pétalos de un loto azul,
Tú eres el Sostén de los tres mundos,
La que habita
En la flor de Maya.
Oh, Madre Hermosa, la Fuente de todo,
Libérame de mi sufrimiento.

Oh, Madre Graciosa,
Destructora de la avaricia,
Tú que nos guías por la tierra de la transmigración,
Protégeme.
Oh, Madre, Dadora de devoción y liberación,
Oh, Katyayani, conocida en todo el mundo,
Me postro ante ti.

Oh, Diosa de la tierra,
Tú que eres Sabiduría y Conocimiento,
Tú eres el único placer y el único alimento.
Tú eres toda la Creación.
Oh, tú que concedes todos los deseos,
Por favor, libérame de mi orgullo
Habita en mi mente y llévate mi angustia.

Mientras cantaba, Amma miraba fijamente al cielo estrellado. Después, ella entonó otra canción y justo hacia la mitad entró en las profundidades de su Ser. Con los brazos extendidos, como si suplicara al Ser Supremo, Amma permaneció inmóvil durante unos instantes. Tenía los ojos abiertos, pero estaban ausentes. Un brillo no terrenal bañaba el rostro de Amma y su radiante sonrisa la hacía todavía más hermosa. Amma brillaba como otra luna.

Este estado divino de la Madre prosiguió durante unos minutos. Más tarde, cuando volvió a su ser normal, Amma se dio cuenta que dos de los *brahmacharis* estaban hablando. Amma les dijo: «Hijos, hablar sin necesidad es uno de los mayores enemigos de un buscador espiritual. Esta oportunidad de viajar en contacto íntimo con la Madre no es frecuente. Puede que no haya otra ocasión para pasar el tiempo con Amma de esta manera. Mirad qué hermosa está la noche. Contemplad el inmenso cielo y la hermosa luna que brilla entre las titilantes estrellas. Sentid la calma y el silencio. Sentid la suave brisa que sopla con tanta dulzura y contemplad los árboles y arbustos que hay en las orillas del río. Escuchad el *pranava mantra* del océano. Mirad las oscuras aguas azules y disfrutad de la belleza de la Naturaleza con la conciencia de que todo es expresión de lo Divino.

«Amma nunca solía dormir por la noche. Al principio, se quedaba despierta llamando al Señor. Ella lloraba, oraba, meditaba y bailaba de felicidad. Las noches de luna llena eran las favoritas de Amma. En aquellas noches silenciosas y llenas de paz, Amma se olvidaba de todo lo que le rodeaba. Su deseo por lo Divino alcanzaba su punto más álgido. Solía pasar la noche entera contemplando todo como expresión del Supremo Absoluto, llorando, orando y danzando de felicidad.

«A los buscadores espirituales les encanta la noche porque es entonces cuando pueden sumergirse profundamente en su propia conciencia. Al principio, es muy bueno para el progreso espiritual meditar y rezar durante la noche, especialmente después de las doce, que es cuando todo el mundo se va a dormir. Es la mejor hora para que un buscador espiritual permanezca despierto y realice sus prácticas espirituales. En etapas más avanzadas, el buscador logrará meditar y rezar cuando lo desee sin que ni la hora ni el lugar tengan importancia. Cuando sea capaz de meditar con esta actitud, controlará tanto el día como la noche. Pero esto sólo es posible cuando su mente se fija de tal manera en el objeto de meditación, que no importa cuándo o dónde medite. Donde quiera que esté, entra con naturalidad en un estado meditativo. Pero antes de que un buscador espiritual alcance este estado de meditación espontánea, debería elegir las condiciones ideales para la meditación.

«Por lo tanto, hijos, no desperdiciéis estas oportunidades hablando de cosas insignificantes. Emplead ese tiempo para meditar, orar en silencio y repetir vuestro mantra. Mirad el cielo y tratad de visualizar la forma de vuestra amada deidad ahí arriba. Tratad de imaginar la cara de vuestro *Ishta Devata* en la luna o imaginad que la propia luna es el rostro de la Madre Divina o de Krishna o Rama. Cuando sople el viento, sentid que es la suave caricia de vuestra amada deidad. Cuando miréis al agua, visualizad la cara sonriente de vuestro *Ishta Devata*. Podéis imaginar que vuestra amada deidad os está llamando, abrazando, besando, acariciando, bendiciendo, y que después se esconde detrás de las nubes para volver a salir un poco más tarde. Practicando este tipo de imaginación, profundizáis cada vez más en vuestra propia conciencia. De esta manera, vuestro corazón acoge la forma de vuestra deidad como si de un templo se tratara. Os abrís cada vez más y os acercáis más a vuestro propio Ser.»

Amma dejó de hablar y pidió a todos que meditaran, repitieran su mantra o se imaginaran que se estaban fundiendo con la Infinitud mientras miraban al cielo. Amma se sentó en silencio contemplando el firmamento y la barca siguió avanzando con lentitud. Sólo se escuchaba el murmullo de las aguas a medida que la barca se deslizaba suavemente río arriba. Este periodo silencioso de meditación y oración prosiguió durante media hora. Incluso después, ya no se habló mucho.

La Madre cantó *Mara yadukula hridayeswara*.

Oh, El más encantador,
Señor de los corazones de los Yadavas
Tú que eres del color de una nube de lluvia

Tú que llevas en tu pecho a la Diosa Lakshmi
Oh, el de los ojos de loto,
¿Dónde están tus suaves dedos
que acarician las nanas para dormir?

Oh, tú que viviste en Brindavan como hijo de Nanda,
Tú que bailaste y jugaste en el corazón del Señor Chaitanya,
Y también en otros corazones.
Tú estás unido a tus devotos.
Tú eres el principio y el fin de todo.
Nosotros juntamos nuestras manos para adorarte.

El maravilloso canto de Amma hizo más profundo el silencio. La atmósfera de santificación penetró directamente en el corazón de todos. La presencia de Amma en la barca fue la fuente, el corazón y el alma de esos momentos de inspiración. En esta corriente de paz y serenidad, Amma entonó su mantra favorito, 'Shiva... Shiva... Shiva... Shiva' Por momentos, la suave y dulce repetición del mantra ayudó a todos a permanecer en el centro de sus conciencias, aunque la tendencia natural fuera la de dejar vagar la mente.

Después de hora y cuarto, el grupo llegó a la casa del devoto. Aunque la barca ya se había detenido delante de la casa, situada en la orilla del río, nadie parecía querer bajarse ni hablar. La felicidad y la paz que la Madre irradiaba se extendió por el aire hasta tal punto que nadie deseaba estropear este valioso momento entablando una conversación innecesaria. Cuando vio que todos permanecían sentados en la barca, Amma les dijo: «¡Eh hijos!, ¿qué pasa? ¿Estáis todos absortos en vuestro Ser?» Sus palabras les sacaron de aquel estado y se apresuraron a salir de la barca.

Llenos de alegría al ver a la Madre y a sus *brahmacharis*, la familia les acompañó hasta la entrada de la casa donde el marido, la esposa y los hijos lavaron ceremonialmente los pies de Amma.

La hija más joven le colocó una guirnalda en el cuello y el padre y la madre realizaron *el arati* girando la llama de alcanfor delante de ella. Después, los miembros de la familia bebieron el agua sagrada del *pada puja* y se rociaron con ella haciendo lo mismo después por toda la casa. Todos se postraron ante Amma, quien expresó su amor y compasión hacia cada uno de ellos con su inocencia y naturalidad.

La tarde comenzó con los *Lalita Sahasranama*, el canto de los Mil Nombres de la Madre Divina y continuó con cantos devocionales. La misma Amma realizó el *arati,* la ceremonia final en la que se hace girar la llama de alcanfor delante de las imágenes del altar. Esta última alabanza junto con el canto de oraciones creó una serena atmósfera en la casa pero, por encima de todo, la divina presencia de Amma permitió que toda la ceremonia fuera perfecta y celestial.

La medianoche llegó enseguida y tomaron una cena tardía. Amma tan sólo comió unos bocados de uno de los platos de guarnición y bebió un poco de agua corriente. Los miembros de la familia querían que Amma comiese más, pero ella se negó amablemente. La esposa se quejó con tristeza: «A lo mejor es por nuestra falta de devoción que Amma no está comiendo nada de lo que le ofrecemos.» Con mucho afecto y energía a la vez, Amma dijo: «No, hija, no es eso. Ya sabéis cómo es la naturaleza de Amma. Ella es impredecible. Amma no tiene hambre y ya es muy tarde. Vosotros ya la habéis alimentado con vuestro amor y Amma se siente satisfecha con ello.»

Sin embargo, Amma permitió que la mujer le diera de comer un trozo de *dosa*, un crepe hecho de harina de arroz. La mujer alimentaba a Amma como si de una hija se tratara, con mucho cariño y alegría. Debido al inocente amor con el que le ofrecía los alimentos, Amma abrió la boca espontáneamente. Pero ante el tercer bocado, la cerró diciendo: «Ya es bastante, hija.» La mujer estaba extasiada. Besó las mejillas de Amma y repartió lo que sobraba como *prasad*.

Tras la cena, Amma salió de la pequeña casa, que no era más grande que una cabaña hecha de hojas de cocotero. La familia ya había hecho notar el pequeño tamaño de su vivienda ante Amma, quien replicó: «Hijos, vuestros corazones ya son lo bastante grandes.» El patio delantero estaba cubierto de arena blanca como la leche y desde allí se podía acceder directamente a las aguas donde estaba amarrada la barca. Amma se sentó en la arena cerca del agua y todos los miembros de la familia, los *brahmacharis*, Damayanti-amma, Unni y Sathish la rodearon.

La hija más joven se sentó en el regazo de su madre. Entonces ella explicó a los *brahmacharis*: «Esta es la niña que Amma salvó y por eso le estamos eternamente agradecidos y somos sus devotos. Todos pensábamos que nuestra hija no viviría mucho tiempo ya que sufría de asma crónica. Probamos con todo tipo de medicinas, pero ninguna hizo efecto. Ante nuestra total desesperación, acudimos a Ammachi como único recurso y ella le dio a la niña agua sagrada. Después de bendecir más líquido, Amma nos dijo que todos los días le diéramos a la pequeña uno o dos sorbitos de esa agua. Amma también nos recomendó que frotásemos ceniza sagrada en su pecho. Así hicimos y nunca más volvió a tener asma. Ahora la niña goza de perfecta salud.»

Amma no prestó mucha atención a las palabras de la mujer. Luego le preguntó a la niña: «¿No tienes sueño?» La niña negó con la cabeza y dijo: «¿Cómo voy a tener sueño si Ammachi está aquí?» «Vaya pequeña más traviesa e inteligente,» dijo Amma sonriendo. Después, ella pidió a uno de los *brahmacharis* que cantase un *kirtan, Mauna ghanamritam*.

En la morada del Silencio impenetrable
De la Belleza y Paz eternas
Donde la mente de Gautama Buda se disolvió

En la Efulgencia que destruye todas las ataduras
En la Costa de la Felicidad
Que está más allá de donde alcanza el pensamiento.

En el Conocimiento que otorga armonía eterna
La Morada sin principio ni fin
La Felicidad que se alcanza sólo cuando
Los movimientos de la mente amainan
En la Sede del Poder
La Región de la Conciencia total.

En la Meta que otorga el dulce Estado
De la eterna no-dualidad
Descrita como 'Tú eres Eso'
Este es el lugar que ansío alcanzar
Pero sólo puedo conseguirlo
A través de tu Gracia.

Cuando terminó la canción, Amma les pidió que cantasen otra. Parecía que Amma no deseaba conversar. Después de la segunda, Amma pidió otra más. Tras la tercera, Amma permaneció en silencio mirando al cielo azul oscuro. Transcurrieron unos quince minutos en silencio. De repente, se escuchó el motor del ferry de pasajeros que cada día pasaba delante de la casa. Señalándolo con el dedo, Amma dijo: «Amma solía viajar en un barco así cuando la mandaban a trabajar a las casas de los parientes. Mientras iba en el barco, Amma solía tararear '*Omkara*' (la sílaba sagrada OM), o cantaba *kirtans* al ritmo del motor. Viajar en barco era una experiencia muy espiritual para Amma. Mientras recordaba constantemente la forma de su amada deidad, Amma solía cantar, rezar, repetir el mantra y meditar en tales ocasiones. Ella no desperdiciaba ni un solo momento.»

Uno de los *brahmacharis* comentó: «Amma entraba con facilidad y espontaneidad en ese estado divino porque es su naturaleza. Pero, ¿cómo podemos nosotros, que todavía estamos en los cuerpos físico y mental y en las manos de *vasanas* y pensamientos, entrar en ese estado? ¿Cómo podemos siquiera pensar en conseguirlo sin la Gracia de Amma?»

Amma respondió: «Hijos, si una persona realmente quiere hacer algo, lo puede hacer. Pensar que sois débiles o que es demasiado difícil o que a vosotros os resulta imposible, no es propio de un buscador espiritual. Deberíais creer que tenéis ese poder dentro de vosotros mismos y que lo podéis lograr. Cada uno de vosotros posee la belleza y el poder de un santo o de un sabio. Cada uno de vosotros es una fuente infinita de poder. Sin embargo, cuando veis a un santo o a un sabio, o a una persona poderosa, retrocedéis diciendo: 'No, eso es para gente especial. Yo no puedo hacerlo. Yo tengo mi propio y pequeño mundo del que preocuparme, y eso ya es bastante para mí. La Divinidad no es asunto mío, así que no voy a meter las narices allí.' Esta actitud nunca os ayudará a salir de la dura cáscara de vuestro pequeño ego. Esta debilidad convierte a los hombres en seres incapaces y pasivos. Es por ello que el *Vedanta* nos dice que sigamos la sentencia Védica: 'Yo soy *Brahman*. Yo soy Dios. Yo soy el Universo. Yo soy el Poder Absoluto, la totalidad de la conciencia que hace que todo sea hermoso y brillante, lleno de vida y de luz.'

«Los pensamientos autocensuradores no son positivos para un buscador espiritual. Ni siquiera son buenos para una persona que vive en el mundo. Dios nos ha bendecido con este valioso regalo del nacimiento humano. Tenemos un cuerpo, una mente y un intelecto bien desarrollados. Podemos aprender o hacer todo lo que queramos. Para ello hay que utilizar los instrumentos o facultades que Dios nos ha dado para conseguir aquello que elijamos. Si se elige el camino de la espiritualidad, de nada sirve quedarnos quietos esperando que la Gracia nos llegue. La Realización no viene automáticamente; hay que hacer mucho trabajo. La Realización no se puede comprar como un helado en un quiosco. Incluso esto requiere esfuerzo. ¿Cómo se hizo el helado? No se materializa del aire. ¿De dónde sacasteis el dinero para comprarlo? Es un dinero que os costó ganar, ¿no es cierto? Imaginaos que tienen helados en la tienda y que vosotros tenéis dinero, pero no lo compráis. ¿Está claro, no? Os quedaréis sin comer helado. Sin embargo, os apetece mucho uno, así que os tumbáis en la cama pensando que estáis comiendo helado de chocolate. Soñáis despiertos con diferentes sabores y con que saboreáis el helado. Pero, en realidad, todavía no habéis comido ninguno. Y no es que no hubiera helado; hay de todos los sabores, tenéis dinero y podéis comprar todos los que queráis, pero no os apetece levantaros para ir hasta el quiosco. Os contentáis con pensar y soñar.

«De la misma manera, Dios, el gurú y la Gracia siempre están ahí. Contáis con todas las facultades para conocerlos y experimentarlos. Tenéis un mapa y os han dado las instrucciones que son las palabras del gurú. El viento de su Gracia siempre sopla. El río de su ser divino siempre fluye y el sol de su conocimiento siempre brilla. Él ya ha hecho su parte. Concluyó su trabajo hace mucho, mucho tiempo.

«Sin embargo, pensáis que el gurú no lo ha hecho todo. Creéis que no está dejando fluir su Gracia, que no contáis con su bendición. Por eso, seguís esperando que él os las conceda sin que vosotros hagáis nada. Esperáis el día, el momento en el que él tocará vuestro corazón. Esperar está bien, pero, ¿lo hacéis con fe y con un único propósito como las Gopis de Brindavan o Sabari, la gran devota de Sri Rama? No. Puede que aguardéis, pero no lo hacéis con todo vuestro ser. No ardéis de devoción y amor. Mientras esperáis, os ocupáis con otros asuntos y vuestra mente persigue miles de cosas. No esperáis tan sólo su Gracia, sino muchas otras 'cosas importantes' que deseáis que sucedan en vuestras vidas y, con ellas, queréis que llegue la Gracia. Queréis conseguirla gratis.

«Puede que esperéis a Dios o su Gracia divina pero os acordáis de Él de pascuas a ramos, o sólo los domingos, o en el mejor de los casos, dos o tres veces al día. Además, esas raras ocasiones en las que pensáis en Él carecen de intensidad pues os preocupan otras cosas supuestamente más importantes. No hay nada malo si esperáis con fe, pero poned atención en vuestra espera. ¿Cómo va a venir Dios si tenéis otras preocupaciones? ¿Cómo puede fluir su Gracia? El gurú está ahí; su Gracia no deja de fluir; siempre está presente. Sin embargo, vosotros queréis que llegue de repente, sin ningún esfuerzo por vuestra parte. Con la excusa de que estáis esperando, malgastáis el tiempo. No consideráis que el esperar con fe es una parte intrínseca de vuestras vidas y, además, no os lo tomáis en serio ni sois sinceros, porque mientras tanto, decís: 'Estoy esperando a que llegue Dios con su Gracia. Como Él es todo compasión, vendrá. Hasta entonces, dejad que me ocupe de otros asuntos importantes.' Esto es insensato. Con una fe de estas características, nunca recibiréis la Gracia ni podréis superar situaciones difíciles.

«Es posible ser el dueño y señor de todo el universo. Tenéis ese potencial dentro de vosotros, pero debéis trabajar. En realidad, ya sois el Señor del universo. Sois el emperador del mundo entero, pero creéis que sois un mendigo que pide comida. En el momento en que dejéis de soñar, en cuanto os deis cuenta que el así llamado estado de vigilia actual no es más que un sueño, veréis que sois el Señor del universo y despertaréis a la conciencia de Dios.

«Todo el mundo, cada objeto de este universo, el sol, la luna, las estrellas, las galaxias, la vía láctea, la tierra, las montañas, los valles, los ríos, el océano, los árboles, los animales, los pájaros, las plantas, las flores y la mente humana, todas las mentes, están bajo vuestro control. Sois los señores de todo. El universo entero espera daros la bienvenida y aceptaros como su Señor. Sin embargo, seguís mendigando con un pote en las manos. Abrid los ojos e intentad ver con claridad. Sois reyes disfrazados de mendigos. Despojaos de esas ropas. El universo entero espera veros aparecer con el traje de emperador. Salid de ese sueño, de esa ilusión de debilidad.

«Amma ha escuchado la historia de un estudiante que estaba rindiendo un examen. Debía escribir una redacción explicando el significado religioso y espiritual del milagro por el que Cristo convirtió el agua en vino. Los estudiantes escribieron denodadamente durante dos horas, llenando hojas y hojas con sus ideas sobre el significado del milagro. Cuando finalizó el tiempo asignado, el profesor descubrió que uno de los estudiantes no había escrito nada, ni una palabra, así que le insistió que pusiera algo antes de entregar su examen. El estudiante cogió el bolígrafo y escribió: 'El agua encontró a su señor y se ruborizó.'

«Hijos, todo está en vuestro interior. Sois los dueños y señores de los cinco elementos. Con una simple mirada o toque vuestros, se convertirán en lo que deseéis. Por lo tanto, no penséis: 'Oh, Madre, esto te ha sucedido a ti y sólo a ti. No podía ocurrirme a mí con todos mis *vasanas* y debilidades. No puede pasarme a mí.'

«No creáis que Dios va a entrar sin que le hayáis invitado a hacerlo. Él puede entrar sin invitación a todas partes, a todos los rincones del mundo, a cualquier parte del espacio. Donde Él está no queda ni un hueco entre átomos. Él está invitado a entrar a cualquier lugar de este mundo. Pero tendréis que reconocerle.»

Dios, el invitado inesperado

El *brahmachari* preguntó: «No entiendo. Por un lado, Dios no vendrá sin ser invitado y, por el otro, Él no necesita una invitación para acudir a cualquier lugar. Esto parece una contradicción.» Amma respondió: «Hijos, Dios es compasión. Él está esperando a las puertas de todos los corazones. Él siempre está en todas partes, incluso sin haber sido invitado, porque, tanto si lo llamáis como si no, Él está ahí. Tanto si sois creyentes como si no lo sois, Él está en vuestro interior aunque no lo hayáis invitado. Dios se esconde detrás de cualquier forma, detrás de todo. Él embellece las cosas y hace que sean lo que son. Él es la fórmula oculta de la vida. Pero no se os revelará. No Le sentiréis a menos que lo llaméis, y la invitación es la oración. Debéis invocar a Dios por medio de la meditación y la oración. Al cantar y repetir el mantra estáis invitando a Dios a que se os revele.

«Deberíais tener el poder y la habilidad de reconocer a Dios en todas partes y en todos los seres y esto no es posible a menos que veáis al Dios que hay en vuestro interior. Esa es vuestra verdadera naturaleza. Cuando la reconozcáis en vosotros mismos, la veréis en los demás y veréis a Dios sentado en todas partes sin que nadie lo haya invitado.

«Hijos, Dios no puede entrar por la fuerza. Él no es agresividad, Él es amor. Dios no es una persona; Él es Conciencia. Dios no puede entrar a la fuerza porque la Conciencia no puede ser agresiva. Invitad a Dios y Él entrará. Pero aún sin haber sido invitado, Él está en la puerta, esperando a que lo hagáis pasar. Al no haber sido invitado, se queda fuera de vuestro corazón y no se os revela. Él siempre está presente, esperando con amor y compasión. Su gloria y esplendor siempre están presentes, pero no se revelan porque no habéis invocado el poder de su presencia mediante la oración y la meditación, por las cuales invitáis a Dios a entrar en vuestro corazón y a revelar su presencia. Entonces, sabréis que siempre estuvo allí esperando que lo llamarais.»

Todos escucharon con atención las sabias palabras de Amma. Ya eran las dos de la madrugada. Nadie tenía sueño, ni siquiera la más pequeña de la familia, que seguía sentada en el regazo de su madre, mirando fijamente a Amma. La madre de la niña dijo: «Mirad a esta chiquilla. Para las nueve, suele estar muerta de sueño y hoy, a estas horas, está totalmente despierta.» Amma miró a la niña y le preguntó: «Hija, ¿no quieres ir a la cama? ¿No estás cansada?» La niña negó con la cabeza.

Todos permanecieron sentados en silencio, contemplando a Amma mientras su mirada iba más allá del oscuro cielo. Entonces, alzó la mano y empezó a cantar *En manasinnoru maunam*.

Estoy desolada porque Sri Krishna no ha venido.
Todavía no lo he visto,
Y la nostalgia de mi corazón
Provoca un mar de lágrimas.

¿Es que todavía no ha regresado
De apacentar el ganado?
O, ¿todavía no se ha despertado?
¿Se ha olvidado El de la piel oscura
Que mi corazón llora de nostalgia por Él?

¿Quizás no ha tomado todavía la leche y mantequilla?
¿Tal vez Sus suaves pies han resbalado
Y se ha caído?
O, ¿es que sus devotos le rondan como abejas,
Bebiendo la miel de sus pies?

Oh, Kannan, ¿por qué no has venido hoy?
Oh, tú, que eres del color de una nube de lluvia,

¿Me has olvidado?
Oh, por favor, ¡aparece ante estos ojos llorosos!

Después de la canción, Amma se sentó en actitud meditativa. Tras unos diez o quince minutos, se levantó y después de que los demás hicieran lo mismo, preguntó: «¿Dónde está Harshan? No está aquí.» Todos lo buscaron con la mirada pero no lo encontraron. De hecho, nadie recordaba haberle visto desde que llegaran a la casa. Por lo general, no se perdía ocasiones como esta, en las que estaba presente todo el tiempo, gesticulando y contando chistes. Sin embargo, hoy había estado muy callado durante todo el viaje. Cuando los demás empezaron a dispersarse, Amma se alejó.

De repente, en el silencio de la noche se oyó cómo alguien gritaba, tosía y escupía. Corrieron a la parte suroeste de la casa y allí encontraron a Amma con Harshan. Al atardecer, después de bajar de la barca, Harshan se había echado a dormir sobre la arena. Por eso no había aparecido ni en la *puja*, ni durante los *bhajans*, ni en la comida. Probablemente, Amma se imaginó que este se había ido a dormir a alguna parte así que, después de la conversación, fue a buscarle y lo encontró durmiendo con la boca abierta de par en par. Con picardía, Amma le había llenado la boca de arena y por eso, Harshan estaba tosiendo y escupiendo. Amma estaba juguetona y no paraba de reírse. Disfrutaba como una niña.

Así de alegre, Amma le tomó el pelo a Harshan: «Has estado durmiendo mientras los demás rezaban y meditaban. A la felicidad le sigue sufrimiento. Te has estado divirtiendo y ahora tienes que pagar por ello.» Harshan no se quejó, pues ya estaba acostumbrado a los variados estados de ánimo de la Madre. Siempre se lo pasaba bien con sus bromas, incluso las que hacía a su costa. Cuando dejaron de reírse y Harshan acabó de limpiarse la boca, emprendieron el viaje de regreso. Eran las tres y media de la madrugada.

Una hora más tarde, tan sólo habían recorrido la mitad del trayecto hasta el ashram. Unni seguía remando. Damayanti-amma y Harshan dormían profundamente sobre una esterilla. La luna brillaba con intensidad en el cielo, como henchida de felicidad por la divina presencia de Amma. Las nubes que flotaban en el cielo parecían bailar en éxtasis. Los árboles y plantas de las orillas mecían sus hojas en otro baile, como si estuvieran celebrando una gran ocasión. Reinaba un silencio propicio para meditar. Amma parecía gozar de su propio mundo solitario. Se quedó quieta, mirando fijamente al cielo. Los *brahmacharis* y Gayatri se sentaron a contemplar el rostro de Amma, bebiendo la eterna belleza que ella irradiaba.

El ambiente silencioso y meditativo duró algún tiempo. Amma vio que Harshan y Damayanti-amma estaban durmiendo y, volviéndose a Gayatri, le dijo: «Hace frio, ¿no tienes nada para taparles?» Gayatri buscó en su bolso y sacó un chal. Amma cubrió a Damayanti-amma con el chal y con la parte de arriba del traje de uno de los *brahmacharis* tapó a Harshan. Después, volvió a su asiento.

La temprana luz del amanecer empezó a reflejarse en las aguas. Posados sobre las ramas de los árboles o volando placenteramente, los pájaros parecían entonar sus mantras matutinos. El hermoso sonido llenaba el ambiente de alegría. Mirando hacia el este, Amma se sentó a disfrutar de la cristalina belleza del amanecer. De vez en cuando, se reía como en éxtasis. Unas veces, no era más que el sonido «ho... ho... ho...», como si estuviera muy emocionada. En esa exaltación de unión espiritual, Amma se sentó con los brazos extendidos hacia arriba. Su cara brillaba de éxtasis y felicidad. Sus repentinas carcajadas creaban un ritmo celestial en el silencio de los dorados rayos del amanecer. Cautivado por la belleza de Amma, Unni dejó de remar para que la barca se deslizase a la deriva durante un rato. Un gran barco de motor pasó a su lado levantando olas que sacudieron la pequeña barca de los pasajeros del ashram. Unni salió enseguida de su ensueño y tomó el control con gran destreza.

Espontáneamente, Amma empezó a cantar *Brahmarame*.

Oh, pajarillo de mi mente
No cesas de vagar
Hasta caer exhausto
Buscando el puro Néctar.

Hay un grupo de árboles en flor
Donde no hay dolor.
Se encuentra alegremente situado
En la orilla del río de la devoción.
Oh, mente, no desesperes,
Pues un día tu Madre vendrá
Hasta el que es puro de corazón.

Oh, Shakti,
Para aquellos que son sabios,
Tú eres la Primavera de la inteligencia.
A través del arte del Conocimiento
Tú te llevas todo dolor.
Yo ofrezco mi sufrimiento ante ti
En quien todo existe.

Oh, Madre, ¿cuándo vas a venir?
Oh, Madre, no esperes
Hasta que toda mi energía se haya disipado.
¿No vas a derramar tu Gracia sobre mí?
¿Quién hay más que tú?
Tú eres mi único apoyo.

La canción impregnó el amanecer con una corriente de felicidad espiritual y amor supremo. Al igual que una estatua de mármol hermosamente tallada, Amma permaneció quieta y en silencio hasta que la barca llegó al ashram, poco después de las cinco y media de la madrugada.

Capítulo 6

La satisfacción

Sábado, 8 de septiembre de 1984

El día estaba claro y el aire era límpido y fresco. Alrededor de las nueve y media de la mañana, los residentes y algunos devotos que se encontraban de visita rodearon a la Madre delante del templo. La *puja* matutina ya había finalizado y la gente se había sentado a disfrutar de la presencia de la Madre, oportunidad que un devoto aprovechó para hacer una pregunta: «¿Por qué da Amma tanta importancia al camino de la devoción?»

Ella le contestó: «Hijos, hay muchas razones por las que debemos considerar el camino de la devoción como el más adecuado para mucha gente. En primer lugar, colma de satisfacción a quien lo practica y una persona satisfecha tiene entusiasmo y vitalidad, además de optimismo y una mente aventurera. Considera un regalo todo lo que le ocurre en la vida, lo cual le aporta una paciencia y fuerza inmensas. Al contrario que aquellos que siguen otros caminos, no cree que la felicidad le viene por derecho. En lo que a él se refiere, no hay derechos, sólo regalos. Esta actitud le ayuda a aceptar todo, lo bueno y lo malo, como un regalo y esto también le infunde valor y fe. Una persona así tiene un corazón cariñoso y compasivo, una inocencia infantil y es de naturaleza agradable. Es incapaz de hacer daño porque no desea herir los sentimientos de nadie. De igual modo, puede renunciar a sus comodidades y placeres en favor de la felicidad y la paz de sus semejantes. Aunque tenga los mismos problemas que los demás, también cuenta con la capacidad mental y el equilibrio necesarios para permanecer sereno y tranquilo ante la adversidad. Practica la aceptación porque considera que todo lo que le ocurre es un regalo y no un derecho.

«La fuente de esta satisfacción y relajación es su amor y su inmutable fe en el Poder Supremo, al que da nombre y forma, ya sea Krishna, Buda o Cristo. El poder del nombre que él canta y la imagen mental de la forma que acaricia, así como su fe en que el Señor siempre le protege de todo peligro, le ayuda a sentirse satisfecho, relajado, optimista y alegre en todo momento y en cualquier circunstancia.

«Tomad por ejemplo a los Gopas y a las Gopis de Brindavan. Ellos siempre estaban felices, animados y llenos de vigor. Todos los trabajos que realizaban poseían una belleza y un encanto propios especiales. Siempre tenían un ánimo festivo y sólo se veían caras felices y satisfechas a su alrededor, puesto que sus vidas desbordaban alegría. Para ellos, la vida era un festival y no existía la holgazanería, ya que cantaban y bailaban con inmensa alegría mientras realizaban cualquier trabajo. Incluso sus tareas cotidianas, como llevar las vacas a los prados, ordeñarlas y vender la leche y la mantequilla, se convertían en un trabajo dichoso. Poseían una fuerza y un valor extraordinarios y encaraban los problemas con valentía. Siempre cariñosos y aventureros por naturaleza, vivían la vida con plenitud.

«¿Cuál era la fuente de su satisfacción y alegría? Su fe en su Amado Señor Krishna. Era la fe en su omnipotencia y su adoración por Él lo que les ayudaba a celebrar todo en la vida. En su presencia, no sentían miedo. Así pues, hijos, la devoción y el amor por Dios son el camino hacia la plenitud. Este es el camino hacia la paz, la felicidad, el valor y la ausencia de miedo. Tales cualidades, que nos ayudan a atraer hasta nosotros toda la plenitud de la vida, no se obtienen fácilmente siguiendo otros caminos.

«Mirad a Hanuman, el gran devoto del Señor Sri Rama. Él sigue siendo un ejemplo magnífico de incansable trabajo, de inagotable energía y de grandes logros. Nunca decía 'no' a nada que se le pidiera. Los obstáculos no significaban nada para él. Siempre que Rama se enfrentaba a una situación grave, Hanuman estaba a su lado para cumplir sus órdenes. Lo aparentemente imposible se hacía posible gracias a la fe inamovible, a la determinación y al esfuerzo constante de Hanuman. Él era la encarnación de la fuerza, el valor, la vitalidad, la intrepidez, la determinación, el optimismo, la capacidad de discernimiento y la satisfacción. Sin embargo, siguió siendo el humilde y sencillo devoto de Sri Rama, totalmente entregado a los Pies de su Señor.

«La satisfacción resulta de la falta de ego, y la falta de ego se consigue por medio de la devoción, el amor y la entrega total al Señor Supremo. La gente egoísta no puede estar satisfecha ni feliz; está tensa, porque tiene miedo y ese miedo casi la enloquece. La mayoría de las veces, esta gente tiene sed de poder y este anhelo les ciega. Ansían poseer todo, sin importarles si utilizan medios mezquinos y malvados, sin importarles si arruinan las vidas de otras personas. Les obsesiona la constante idea de ser despojados de su poder y sus pertenencias y esto aumenta su miedo y su descontento. Pensad en todos los dictadores del mundo. Ellos son los más egoístas. Sus ansias de poder y posición les convierten en fabricantes de guerras sin que les importen ni la paz ni la felicidad de la sociedad. Ni siquiera les importan sus propias mujeres o hijos. Sólo se ocupan de ellos mismos y de lo que les deparará el mañana y el futuro. No sienten ningún escrúpulo por los malévolos medios que puedan utilizar para conseguir el poder. Su propio descontento les origina tensión y van cargados de una negatividad que extienden a los demás. Por ello, contagian su infelicidad y descontento a todos y cada uno de los que se les acercan.

«Hiranyakasipu, el padre de Prahlada, fue un ejemplo muy claro de alguien que abusó del poder. Hijos, si os fijáis en su vida, veréis claramente cómo una persona egoísta en extremo carece por completo de compasión. Una persona así rebosa insatisfacción, rabia, miedo y crueldad. Hiranyakasipu incluso intentó asesinar a Prahlada[5], su propio hijo, con tal de proteger su poder, nombre y fama. Sin embargo, mirad a Prahlada. En los momentos de adversidad, se mantuvo tranquilo e impasible como una roca. Nunca tuvo miedo. Siempre estaba satisfecho, porque era un verdadero devoto de Dios y su alegría ni siquiera le abandonó cuando le arrojaron al océano o le condenaron a morir quemado vivo o aplastado por las patas de un elefante loco. Frente a estas adversidades, mantuvo la calma y la serenidad. Era feliz con cualquier cosa que le ocurriera, ya fuera bueno o malo, porque creía que la propia vida y todo lo que sucedía en ella era un regalo de Dios. Esta es la actitud de los verdaderos devotos.

«La plenitud sólo llega cuando nos rendimos, cuando aceptamos totalmente, cuando recibimos cualquier experiencia de nuestra vida de manera imparcial. Cuando se es capaz de sonreír e incluso dar la bienvenida a la muerte, entonces se está plenamente satisfecho. Aunque no lo hagáis de inmediato, al menos, debéis tener la predisposición de rendiros a la Voluntad Suprema. Sólo entonces, podréis entrar en ese estado de felicidad duradera. Si cultiváis esta actitud de aceptación, llegará el momento en que os sintáis eternamente plenos. No malgastéis el tiempo esperando que llegue la plenitud, porque será en vano. La insatisfacción prevalece en una persona que espera sin hacer nada. Preparad vuestra mente y tratad de desarrollar la voluntad de aceptar y

---

[5] Prahlada era hijo de Hiranyakashipu, rey de los demonios. A pesar de haber nacido en esta raza, era, por naturaleza devoto de Dios y poseía todas las cualidades de un santo. Hiranyakashipu consideraba al Señor Vishnu como su mayor enemigo. Cuando vio que su hijo era devoto del Señor, comenzó a perseguirle e, incluso, intentó matarle. Todos sus esfuerzos resultaron en vano puesto que Prahlada estaba completamente entregado al Señor y este le protegía. Al final, el Señor Vishnu mató a Hiranyakashipu y, después de nombrar rey a Prahlada, le bendijo con la Auto-Realización.

rendirse. Intentad recibir tanto lo bueno como lo malo con los brazos abiertos. Tratad de cultivar una actitud que os permita sonreír incluso ante la muerte. Ese es el camino hacia la plenitud.

Humildad y renuncia

Uno de los oyentes comentó: «La explicación que Amma ha dado es muy clarificadora pero, al contrario de lo que Amma ha dicho, Ravana, que fue un gran devoto del Señor Shiva, vivió insatisfecho y tenso casi toda su vida. También hay creyentes que viven insatisfechos.»

Ante estas palabras Amma respondió: «Hijos, es verdad que Ravana fue un devoto del Señor Shiva. Pero su devoción no era más que un medio para aumentar su poder material. Él carecía del aspecto espiritual. En otras palabras, no había renunciado a nada, puesto que tenía un gran deseo de acumular, poseer y disfrutar tanto como le fuera posible. Aunque era una persona fuerte y valiente, no sentía amor ni compasión. Como cualquier otro dictador, ambicionaba el poder y sólo se preocupaba de sí mismo y de su propia seguridad. Su poder, que en realidad provenía del Señor, le transformó en un ser tan egoísta y ciego que incluso intentó levantar el Monte Kailas, la morada del Señor Shiva. Ravana no tenía ni humildad ni capacidad de renuncia.

«Sin renuncia y humildad, no se puede estar satisfecho. Un verdadero devoto posee ambas cualidades. Aquel que carece de renuncia y humildad nunca se sentirá satisfecho porque todavía ansía la prosperidad material y es incapaz de saciar sus innumerables deseos. Nunca está satisfecho con lo que tiene y cada vez quiere acumular más riquezas, más dinero, una casa más grande, un coche mejor y más comodidades.

«El principio por el que se rige una persona egoísta en extremo es 'más... más... más...'. Siempre busca objetos de mayor calidad para su propia comodidad y satisfacción. Sin embargo, nunca sustituirá sus pensamientos más bajos por otros nobles. No le importa en absoluto la calidad de sus palabras y acciones. Pasa la vida entera planeando, calculando y soñando, siempre con la mirada puesta en el futuro, siempre intentando encontrar el modo de hacer esto o aquello. Como no es capaz de vivir en el presente y disfrutar de lo que tiene delante, ni siquiera saborea la comida, porque mientras desayuna ya está pensando en la cena. ¿Cómo puede ser feliz una persona así? Es imposible. Vivir así es como estar casi muerto, como ser un cadáver andante que carece de la belleza y el encanto de la vida.

«El pasado y el futuro son irreales, son ilusiones. El pasado ya ha muerto y se ha ido, no va a volver, y el futuro todavía está por llegar. Ni siquiera sabemos si vamos a estar vivos dentro de un par de horas, porque nos puede ocurrir cualquier cosa en cualquier momento. Así pues, no llevéis una vida ilusoria, no fabriquéis un mundo de sueños en el que instalaros porque, sencillamente, no podéis vivir en el futuro. Sólo podéis vivir en el presente, que es lo único real. La mayoría de los dictadores, escépticos y aquellos que persiguen con locura los placeres mundanos viven en el futuro. Como no viven el presente, nunca están satisfechos.

«Ravana era un devoto, pero él utilizaba a Dios para conseguir sus monstruosos deseos. De haber podido, incluso lo habría devorado. Mientras que la devoción de Rama salvó a la sociedad, la de Ravana la destruyó.

«Hijos, decís que también hay creyentes que viven insatisfechos, pero los verdaderos creyentes, aquellos que tienen una fe sincera, nunca están insatisfechos. Una persona de fe débil no está satisfecha porque su fe se encuentra dividida y él duda. Una persona que anhela la prosperidad material no halla satisfacción. Para las personas de estas características, la devoción por Dios se traduce en palabras superficiales que carecen de amor. Consideran a Dios un instrumento para conseguir sus deseos. Su Dios está sentado en un trono de oro allá en las alturas; es un Dios que juzga y castiga, un Dios que sólo ama a los que lo aman. Creen que Dios se disgusta con aquellos que adoran y rezan a otras deidades, a otros aspectos de lo Divino. Piensan que Ganesha se enfadará con ellos si adoran a Krishna. El Señor Shiva les castigará si alaban a Vishnu. Creen cosas muy extrañas. El Dios en el que creen es inaccesible, inhumano y lejano y no le satisfacen aquellos que no le complacen. Incluso los puede maldecir o castigar. ¿Se le puede llamar devoción a esto? A esta relación con Dios no se le puede llamar así puesto que implica separarse de Él, de vuestro propio Ser. ¿Cómo pueden encontrar la paz personas así? Ellas no ven el conjunto, sólo las partes. Llenan sus oraciones de quejas insignificantes y carecen de devoción y amor. Sus oraciones expresan su egoísmo, odio y avaricia.

«Os voy a contar una historia. Una vez, un viudo invitó a un *sannyasin* a rezar por la paz del alma de su esposa. El *sannyasin* empezó a orar: 'Que todo el mundo sea feliz; que no haya dolor, que la buenaventura llene todo el universo; que todo el mundo alcance la Perfección.' El marido se enfadó al oír esa oración y le dijo al *sannyasin*: 'Swami, creía que ibas a rezar por el alma de mi esposa pero no has mencionado su nombre ni una sola vez.' El *swami* le respondió: 'Lo siento, pero no puedo rezar así. Mi fe y mi gurú me han enseñado a rezar por todos, por todo el universo. En verdad, sólo rezando por el bien del mundo entero se beneficiarán los individuos. Sólo si rezo por todos, tu esposa recibirá la bendición, sólo entonces su alma encontrará la paz. No puedo rezar de otra manera.' El *swami* se mostró tan tajante que el viudo no tuvo más remedio que acceder a sus deseos diciéndole: 'De acuerdo, reza como te plazca pero, ¿podrías, al menos, excluir a mi vecino de tus oraciones?'

«Hijos, si regáis las ramas de un árbol, desperdiciaréis el agua. El alimento sólo llega a las ramas y a las hojas del árbol regando las raíces. De la misma manera, sólo cuando recemos por la elevación de toda la sociedad, obtendremos beneficio para nosotros mismos. Por desgracia, nuestros corazones están cerrados. Hemos perdido nuestra capacidad y voluntad de compartir. Esta es la actitud que prevalece entre las personas de hoy en día. Sólo nos interesa lo nuestro, lo que podemos obtener y poseer para nosotros mismos.»

Alguien formuló otra pregunta: «Parece como si Amma estuviese hablando en contra de la acumulación de riqueza. Pero, ¿cómo se puede esperar que la gente renuncie a lo que le ha costado conseguir trabajando duro toda la vida? ¿Cómo pueden vivir sin expectativas? ¿Cómo se puede renunciar al ego? Parece imposible para una persona corriente.»

«¡Imposible. Imposible!» exclamó Amma. «Hijos, es lo único que sabéis decir. Lo hacéis todo 'imposible'. No existe lo 'imposible'. Recordad que estáis viviendo en la era espacial. El hombre ha llegado a la luna. El otro día, uno de los hijos de occidente le contó a Amma que allí apenas utilizan las manos en la mayoría de los trabajos. Él mismo se sorprendió al ver el tiempo que nos cuesta transportar sacos de cemento sobre la cabeza. Lo que una máquina puede hacer en menos de una hora a nosotros nos lleva toda una noche.

«En el futuro, es posible que la gente tenga hasta cucharas electrónicas para alimentarse sin utilizar las manos en absoluto. Y, aún así, seguís diciendo que es imposible. Ya se ha convertido en una costumbre decir que todo es imposible. Os resulta muy fácil decir 'imposible' ante lo que se os pide, porque no requiere ningún esfuerzo más que mover la lengua. ¿Hay algo posible en lo que a vosotros respecta? La palabra 'imposible' es una maldición para la humanidad. Intentad liberaros de esa maldición; trabajad duro y veréis que no hay nada 'imposible'.

«Es cierto que el hombre no puede vivir sin expectativas y sin ego. Amma sabe que no resulta nada fácil entregar lo que tanto esfuerzo y determinación ha costado conseguir. Simplemente, Amma quiere decir que no hay que vivir en un mundo de sueños, sino concentrarse más en el presente, en vez de instalarse en el futuro o en el pasado. Si así os place, podéis conservar el ego, pero no permitáis que os devore. Se puede utilizar el ego para esforzarse en el trabajo, adquirir posesiones y dedicarse a actividades placenteras. Eso está bien, pero no os dejéis cegar por el ego, no vayáis en contra de vuestra conciencia, de vuestra naturaleza humana. Intentad vivir como personas y no como animales.

«La ceguera física se puede soportar y, hasta cierto punto, se puede vivir con ella y seguir siendo humano. Todavía se puede tener un corazón cariñoso y compasivo. Pero cuando es el ego el que os ciega, entonces sí que estáis ciegos de verdad. Aunque perdáis la vista, si vuestro corazón está lleno de luz y amor, se reflejará en vuestras acciones y en todo vuestro ser y seguiréis siendo seres humanos que irradian la luz y el amor de la vida. Sin embargo, la ceguera que provoca el ego os empuja hasta la oscuridad total y no veis ni oís nada como es debido. Todo lo que os llega a través de vuestros ojos y vuestros oídos está desvirtuado y reaccionáis según esta percepción, sufriendo y haciendo sufrir a los demás.

«Ya debéis haber oído hablar del gran devoto Surdas. Él era ciego, pero esto no le suponía ningún problema puesto que desbordaba amor y compasión. Surdas llevó una vida plena y feliz, cantando las glorias de su Amado Krishna. En una ocasión, el Señor Krishna y su consorte Radha se aparecieron ante él y le devolvieron la vista, pero después de contemplar la embriagadora belleza de su Señor, Surdas le dijo a Sri Krishna: 'Señor, quiero volver a ser ciego porque no deseo ver el mundo a través de los mismos ojos que han contemplado tu Divina Forma.'»

De repente, el estado de ánimo de Amma cambió y, alzando sus manos hacia el cielo, empezó a clamar: «Krishna... Krishna... Krishna...» Su súplica era tan poderosa que levantó olas de amor supremo en el tranquilo aire de la mañana. Mientras la miraban fijamente, todos se llenaron de nostalgia. La llamada de Amma culminó en silencio y, mientras se sentaba con la espalda totalmente recta, una viva sonrisa se dibujó en sus labios, como si estuviera en *Krishna Bhava*. La presencia de la divinidad danzaba y centelleaba en la luz matutina. Se levantó una suave brisa y Amma comenzó a cantar *Anjana sridhara*.

Oh, Sridhara,
Tú que eres de color azul zafiro
Y hermoso,
Te saludo uniendo las palmas de las manos.
¡Victoria para Krishna, te saludamos!

Oh, tú que eres como una hermosa joya,
Oh, Hijo de Vasudeva,
Llévate mi dolor.

Oh, Krishna,
Tú que naciste como un Niño Divino,
Protégeme en todos los sentidos.

Oh, Pastorcillo de vacas,
Por favor ven corriendo
A tocar tu flauta.

Pasó algún tiempo antes de que uno de los *brahmacharis* le recordase a Amma la historia de Surdas, y ella prosiguió: «Puede que os resulte difícil asimilar el mensaje esencial de la historia de Surdas, pero es bien cierto que hubo personas como él, que se sentían plenamente satisfechas aunque no veían con sus ojos externos.

Para que el ojo interior se abra, son necesarias rigurosas prácticas espirituales, pero una vez que se ha abierto, los ojos externos son secundarios. También podéis decir que esto es 'imposible', pero volvamos a la cuestión que nos ocupa. «No tenéis que renunciar a todo lo que habéis obtenido con tanto esfuerzo. Conservad vuestras posesiones y disfrutad de la vida. Pero mientras estéis dentro de la sociedad, cuando disfrutéis de vuestra familia y amigos, o mientras estéis en el trabajo, tratando con vuestros compañeros, no permitáis que vuestro poder y posición os cieguen; expresad, al menos, algo de amor y preocupación por los demás cuando sea necesario.

«No despreciéis a nadie en nombre de vuestro poder y posición, apellidos y reputación, riqueza y posesiones. Si alguien que necesita ayuda con urgencia se acerca a vosotros, deberíais ser capaces de sonreírle con calidez, dedicarle palabras compasivas y escucharle. Aunque no le deis nada, sonreídle y consoladle con unas cuantas palabras cariñosas. Deberíais ser capaces de decirle: 'Hermano, entiendo tus problemas. Es evidente que estás pasando un mal momento y quisiera poder ayudarte compartiendo tu dolor pero, por desgracia, no me encuentro en situación de hacerlo; te ruego que me perdones.' Estas palabras le aliviarán; serán un bálsamo para su corazón dolorido; se sentirá consolado y pensará: 'Al menos, me ha confortado con sus amables palabras. Es un gran alivio saber que hay personas de buen corazón en este mundo.' Con ello, renovará sus esperanzas y crecerá su entusiasmo. No se sentirá deprimido ni desesperado. No pensará en suicidarse.

«Imaginad que os comportáis con dureza ante una persona necesitada, sin mostrar ni afecto ni compasión por ella. Le amenazáis y perseguís. Es posible que alguien antes que vosotros le haya tratado de igual manera y ahora, vuestra dureza y desconsideración, pueden desanimarle por completo. El cúmulo de todo este rechazo acabará llenándole de decepción, frustración y desesperación, hasta el punto de perder toda ilusión por vivir. Es posible que, desesperado, ponga fin a su vida. ¿Quién es el responsable de su muerte? ¿Quién lo empujó a la muerte? Vosotros contribuisteis al igual que todo el que lo trató mal. Vuestro ego, poder y posición os cegaron y os convirtieron en personas insensibles. Vuestras palabras y acciones no reflejaron sino vuestra ceguera interior, fruto de vuestro ego.

«No se os pide que entreguéis vuestras riquezas ni expectativas de vida. Conservadlas, pero procurad ser seres humanos de verdad, intentad sentir el sufrimiento ajeno. No sois máquinas, ni animales, ni demonios; sois seres humanos y representáis a la raza humana. Por ello, procurad ser cariñosos y compasivos, porque estos son los signos de una vida evolucionada. Recordad que sólo un ser humano puede desarrollar la compasión y sólo él puede ponerse en el lugar de otros. Puede que penséis: 'Si está sufriendo, es a causa de su karma.' No es asunto vuestro pensar en su karma. Si su karma es sufrir, considerad que el vuestro es ayudarle, porque ayudar a los demás va a contribuir a vuestra evolución. Ninguna otra especie recibe este valioso regalo de Dios: la capacidad de comprender y sentir compasión. Así pues, utilizadla, no la empleéis mal.

«Casi se os ha olvidado que sois capaces de crecer en amor y compasión. Cuando no usáis este regalo tan especial, estáis rechazando a Dios, yendo en su contra y negando su regalo. Es lo peor que os puede ocurrir. Si algo sale mal en vuestro trabajo, se puede corregir. Las pérdidas materiales se pueden recuperar. Si, por ejemplo, perdéis una suma de dinero elevada, esta se puede reponer. Pero si rechazáis el regalo de Dios, caéis en una falta irreparable. Él quiere que empleéis su regalo adecuadamente y si lo rechazáis, estáis obstruyendo el flujo de su Gracia, estáis levantando un dique entre Él y vosotros, y ese dique es vuestro ego.

«Hijos, Amma sabe que, aparte de unos pocos, que se pueden contar con los dedos de una mano, los seres humanos son ambiciosos y desean muchas cosas. Para casi todos aquellos que viven en este mundo, es imposible hacer algo sin esperar un fruto. Sin embargo, aún viviendo en este mundo, se puede llevar una vida feliz y satisfactoria. El hombre tiene el poder de alcanzar la felicidad si conduce sus energías y capacidades por los canales adecuados.»

«¿Cómo es posible cerrar las puertas al pasado y al futuro y dejar que todas las energías fluyan en el presente?», preguntó uno de los *brahmacharis*.

Amma respondió: «Escuchad con atención. Imaginad que el único hijo de una pareja sufre una enfermedad fatal. El doctor les dice que, a menos que ocurra un milagro, hay muy pocas esperanzas. Puede que la medicina que le da al niño surta efecto o no y el doctor les dice: 'Rezad al Todopoderoso porque Él es el único que puede hacer que esta medicina surta efecto, Él es el único que puede salvar al niño.' El padre y la madre tienen poca fe en Dios, pero ahora, desesperados, hacen todo lo que el doctor les dice. Ambos empiezan a rezar con toda su alma. ¿Por qué? Porque hay una seria amenaza y una necesidad urgente. Ahora, están viviendo el momento presente; miran a su hijo, le miran a la cara y sienten su respiración. Acarician sus manitos y esperan con ansiedad que abra los ojos. Al no ver ningún signo de mejoría, llaman a Dios y rezan. Para complacer a Dios, leen una de las escrituras y expresan mucho amor y compasión hacia todo el que viene a ver al niño. En ese momento, aún si viniera su peor enemigo, le ofrecerían una silla y se sentarían a hablar amablemente con él. Y lo harían porque en esos momentos no sienten odio hacia nadie, ni hablan mal de nadie. De repente, se han vuelto humildes y cariñosos. Es como si al instalarse en el presente, se hubieran vuelto santos o iluminados por un breve periodo de tiempo, hasta que el niño se salve o muera, pero en ambos casos, las antiguas tendencias pronto volverán.

«¿Por qué se comportan así ahora? ¿Cómo es posible olvidar el pasado y el futuro en ese momento concreto? No les importa en absoluto la discusión que tuvieron el día anterior, lo han olvidado todo porque la vida de su hijo está en peligro y tienen un objetivo en común que es conseguir que se ponga bien. Por eso, ahora trabajan juntos con inmenso amor. Puede que, por primera vez en sus vidas, se amen de verdad. No sienten hostilidad hacia nadie. Tampoco piensan en el futuro porque se enfrentan a una grave situación. Para ellos no existe ni el mañana ni el momento siguiente. Les resulta imposible pensar en el futuro mientras, sentados llenos de esperanza, contemplan el rostro de su hijo.

«Todos sus pensamientos están en el ahora, en si abrirá sus ojitos ahora. Cada movimiento del cuerpo del niño les llena de esperanza. Viven el presente, con lo que tienen a mano, sin querer contemplar la posibilidad de que su hijo muera. Sólo desean pensar en la vida y, debido a la preocupación común por su hijo, están de acuerdo el uno con el otro, agradecidos por la compañía mutua y por las visitas que reciben.

«¿De dónde sacan ese poder para ser humildes, amables y cariñosos, incluso con personas por las que normalmente no sienten aprecio? ¿De dónde sacan la capacidad de vivir en el presente olvidándose del pasado y del futuro? ¿De dónde sacan ese gran poder de concentración? Lo obtienen viviendo en el presente, momento a momento, con la vida de su hijo pendiente de un hilo. Una necesidad presente y urgente les ayuda a vivir en el momento actual. La amenaza a la vida de su hijo les ayuda a rezar, a ser compasivos y amables con todo el que venga. Sienten que el niño no sólo necesita de la Gracia de Dios sino también de las bendiciones y oraciones de los demás y por ello piden a toda la gente que viene a verle que recen por él.

«Este es tan sólo un ejemplo para mostraros que tenéis el poder y la fuerza mental de canalizar todas vuestras energías hacia el presente olvidándoos de los arrepentimientos del pasado y la ansiedad por el futuro.

«Recordad que la gran amenaza de la muerte acecha en todo momento. Cuando nos percatamos de ello, nuestro ego sufre una gran conmoción pero, si somos capaces de sentir la inminencia de la muerte, recibiremos una gran ayuda para vivir en el presente y para preocuparnos por los demás. Sólo cuando os deis cuenta de que es necesario hacerlo así, canalizaréis adecuadamente vuestras energías. Debéis tomar conciencia de que estáis malgastando vuestra energía y de que debéis emplearla para alcanzar metas superiores en vuestra vida. Una vez que tomáis conciencia de la tremenda pérdida, sabéis que debéis conservar vuestra energía y emplearla adecuadamente para obtener un beneficio maravilloso. Podéis seguir trabajando en lo mismo pero siendo una inmensa e inspiradora fuente de poder si canalizáis vuestra energía adecuadamente.»

Estad satisfechos con lo que tenéis

Todo estaba en silencio. Tan sólo se escuchaba el viento entre los cocoteros y el suave bramido de las lejanas olas. Amma comenzó a cantar, apartando la mirada de aquellos que se habían agrupado a su alrededor. Mirando al cielo, Amma puso todo su corazón mientras cantaba *Hridaya nivasini Amme.*

Oh, Madre que habitas en mi corazón,
Encarnación del afecto,
No puedo más que pronunciar tus Nombres sagrados.
Oh, Madre del mundo,
Concédeme la Gracia

Para contar tu historia.
No me importan los placeres mundanos.
Sólo quiero adorarte
Con pura devoción.

He llevado muchas cargas,
He vivido la vida después de la vida sin conocerte,
Pero desde que he llegado hasta ti,
He entregado todas mis cargas.
Oh, Madre, aparte de ti
Veo que nada es eterno.
Deja que me olvide de mí mismo
Y me disuelva en la corriente de tu Consciencia.

La Madre me ha dicho
Que la Madre y yo no somos dos;
Somos Uno,
Pero todavía no lo percibo.
Yo sólo quiero quedarme con ella
Y ser su hijo.
La Madre cuida de sus hijos con amor y atención
Y con el mero toque de su mano
Lava todos mis pecados.

Oh, Madre, ¿no soy yo tu propio hijo?
Entonces, ¿por qué tardas tanto?
Siento que soy hijo tuyo
Y cuento cada segundo.
Oh, Madre, ¿qué puedo hacer para acercarme más a ti?
Muéstrame el camino, por favor.
Oh, Madre, no soy nada,
Tú eres todo lo que hay;
Tú eres Todo.

Cuando terminó de cantar, Amma volvió a hablar. Mirando fijamente las siluetas de los cocoteros que se recortaban contra el cielo y las lejanas aguas, dijo: «Contemplad la hermosura de la Naturaleza. Si vivimos en armonía con ella, alcanzaremos felicidad y satisfacción.»

El *Brahmachari* Rao dijo: «Es una lástima que los seres humanos, supuestamente las criaturas más evolucionadas del planeta, no comprendan esta verdad. Parece ser que la queja y la insatisfacción se han convertido en algo intrínseco a su naturaleza.»

Amma dijo: «Hubo un tiempo en el que mucha, mucha gente era tan infeliz, que todos se lamentaban ante Dios en busca de alivio. Aquellos que no se sentían satisfechos con lo que les había tocado vivir no hacían más que quejarse diciendo que con gusto se cambiarían con cualquier otro. Dios respondió a su llamada y apareció ante ellos. Todos los que tenían alguna queja se reunieron ante Él en un gran valle. Dios les habló: 'Que la paz esté con vosotros. He venido en respuesta a vuestras oraciones, después de escuchar vuestros lamentos. Dejad todos vuestros problemas y sufrimientos ante Mí. Entregad cualquier enfermedad, discapacidad o aflicción que os cause malestar o angustia, entregadlo ahora.'

«Llenos de ilusión, arrojaron sus cargas, su dolor y sus miedos. Era tal la aflicción de la que se liberaron, que esta llenó el valle entero hasta formar una montaña. Entonces, Dios declaró: 'A cambio de lo que habéis soltado, ahora podéis elegir la carga que prefiráis.'

«Se pelearon como locos por conseguir una carga que había pertenecido a otra persona, confiando en que sería mejor que la que tenían. El mendigo intercambió su carga por la del rico y la mujer sin descendencia cogió la que había pertenecido a una mujer con muchos hijos. Continuaron así hasta que la montaña desapareció. Al instante, se sintieron felices y aliviados. Dios les dejó y ellos se dirigieron a sus casas.

«¿Pero qué creéis que ocurrió al día siguiente? Volvieron a quejarse, pero esta vez con mucha más intensidad que antes. Así que, de nuevo, Dios bajó a la Tierra y se puso delante de todos. Empezaron a gritar pidiendo que se les devolvieran sus antiguas cargas, pues no podían soportar el dolor ni la pena de las nuevas que habían elegido. Dios les concedió lo que pedían y volvieron a sus antiguas vidas, satisfechos por el momento, pero infelices de nuevo al cabo de unos días.» Todos los presentes se rieron al reconocerse en los personajes de la historia.

Amma prosiguió: «Hijos, aprended a estar contentos con lo que tenéis. No deseéis lo que no tenéis ni codiciéis lo que tienen otros. No penséis que vuestro dolor es incomparable al ajeno o que os sentiríais mucho mejor en el lugar de otro, porque eso no es verdad. Cada persona tiene asignada su propia carga de problemas y preocupaciones y no podéis intercambiaros con nadie, porque no seríais capaces de soportar el dolor ajeno. Ocurre lo mismo con la felicidad. Cuando os enteráis de que el vecino es más feliz que vosotros, rezáis a Dios para ser como él. Sin embargo, una vez que habéis experimentado su felicidad, os dais cuenta que no rezasteis en la dirección correcta. Tanto la felicidad como el sufrimiento del vecino le pertenecen a él. De igual manera, vuestro dolor y vuestra felicidad son sólo vuestras. Asimilad esta verdad y sentios satisfechos con lo que tenéis. No podéis tener ni más ni menos de lo que os ha sido destinado. Lo que tenéis es lo que os corresponde.»

Otro *brahmachari* comentó: «Es por esto que las escrituras también dicen: 'El momento siguiente no os pertenece, no está bajo vuestro control. Por eso, si queréis hacer el bien, hacedlo ya. No lo posterguéis.' ¿No es esto cierto, Amma?»

«La muerte es la mayor amenaza para nuestro ego. Siempre está ahí y, sin embargo, no la vemos,» respondió Amma. «Como no oímos los suaves pasos de la muerte, persistimos en nuestras tendencias y no queremos cambiar nuestro comportamiento. Ignoramos el gran reto que supone la muerte y no sentimos ni amor ni compasión, y tampoco nos apetece compartir el dolor y el sufrimiento de los demás. Por eso no somos humildes. La muerte, la experiencia más humilde, se encuentra a sólo un paso detrás de nosotros. Por lo tanto, no digáis 'mañana'. El ahora es el momento perfecto para hacer todo lo que sea necesario. En este mismo instante, deberíamos jurar que estamos dispuestos a cambiar el modo en que nos acercamos a la vida.

«Hijos, os voy a relatar una historia. En una ocasión, un *brahmín* se presentó ante el gran rey Yudhishthira en busca de ayuda para financiar la boda de su hija. Yudhishthira dijo:'Reverenciado *brahmín*, ven mañana por la mañana y te daré todo lo que necesites.' El pobre *brahmín* abandonó el palacio decepcionado. Tenía que preparar muchas cosas y había esperado recibir el dinero de inmediato.

«Unos instantes después, se escucharon címbalos, trompetas y tambores de guerra que resonaron por toda la ciudadela. Esto era bastante inusual, ya que, en general, este tipo de celebración sólo ocurría cuando el rey volvía victorioso de una batalla. Al oír el estruendo, Yudhishthira se enfadó, porque no había ninguna guerra en esos momentos. Envió un mensajero para preguntar a qué se debía semejante escándalo y, cuando este volvió, dijo que la banda estaba tocando por orden de Bhima[6]. De inmediato, convocaron a Bhima para que diera una explicación y este respondió con amabilidad: 'Majestad, tan sólo estaba celebrando su victoria.' '¿Mi victoria?' exclamó Yudhishthira, 'pero si no hay ninguna victoria que celebrar.' Ante tal afirmación Bhima dijo:

---

[6] Bhima es el segundo de los cinco hermanos Pandava, parientes del Señor Sri Krishna. Los Pandavas, que luchaban por la rectitud, derrotaron a sus primos, los Kauravas, siempre ocupados en hacer el mal. Bhima alcanzó renombre por su fuerza.

'Por supuesto que sí, mi Señor, sí que la ha habido. Enviaste a aquel *brahmín* ordenándole que regresara mañana, lo cual sólo puede significar que has obtenido una victoria sobre la muerte ya que, ¿quién puede saber algo sobre el momento siguiente, sin mencionar el mañana, sino uno que ha vencido a la muerte?' El sabio Yudhishthira comprendió el mensaje que se ocultaba en la acción de Bhima, fue consciente de su error, lo confesó y agradeció a Bhima por haberle ayudado a abrir los ojos a la verdad. Después, convocó al *brahmín* y le dio más que suficiente para que pudiera celebrar la boda de su hija.

«Hijos, el comprender que la muerte puede llegar en cualquier momento nos ayudará a tener una fe verdadera y a avanzar hacia Dios. La muerte se va a llevar todo lo que tenemos; este cuerpo que tanto amamos y que tanto cuidamos no vendrá con nosotros. Cuando nos morimos, no podemos llevarnos ni un alfiler. Comprended esta gran verdad, refugiaos a los Pies del Señor Supremo y sentios satisfechos y felices con cualquier cosa que recibáis.»

Las últimas palabras de Amma resonaron en los corazones de todos: «refugiaos a los Pies del Señor Supremo y sentios satisfechos y felices con cualquier cosa que recibáis.»

Amma comenzó a cantar *Parinamam iyalatta*.

Oh, Diosa Suprema,
La que no cambia,
Bendíceme y llévate mi sufrimiento.
¿No es tu marido el propio Señor Shiva,
Aquel que quemó Tripura?
Oh, por favor, llévate la oscuridad.
¿Me visitará esta noche la luna llena?
¿Conoces la oscuridad que hay en mi corazón?
Los días pasan, como pétalos que caen de la flor,
Y todavía, tú no vienes.

Oh, Madre,
Tú eres lo que cualquier niño desearía.
¿No es un enorme árbol el sostén de una diminuta
Trepadora?
Oh, Madre, no se qué hacer.
Ayuda a este triste solitario.
Deja que me funda Contigo.

Oh, Madre,
Me arrastro, exhausto, por este desierto.
Ni siquiera puedo llegar hasta ti.
Oh, Diosa de todo,
Apiádate de mi destino y vuélvete hacia mí.
Concédeme refugio a tus Pies.

Cuando la canción terminó, todo el mundo se sentó en silencio. Uno de los *brahmacharis* aprovechó esta oportunidad para aclarar otra duda: «Amma, se dice que si intentas perseguir la felicidad, la perderás. ¿Por qué?»

«Porque la búsqueda de la felicidad provoca insatisfacción,» respondió Amma. «La búsqueda crea turbulencias interiores y una mente turbulenta no es feliz. Vuestra búsqueda de la felicidad siempre se proyecta en el futuro y nunca en el presente. El presente está dentro de vosotros y el futuro está fuera. En vuestra ansiedad por obtener felicidad, creáis un infierno en vuestra mente. Después de todo, ¿qué es la mente, sino el cúmulo de toda vuestra infelicidad, negatividad e insatisfacción? La mente es el ego y el ego no puede ser feliz. ¿Cómo podéis pretender la felicidad con una mente así? Cuanto más busquéis, más descontento atraeréis porque la felicidad sólo llega cuando la mente y todos sus pensamientos egocéntricos desaparecen. Para ser felices, debéis olvidaros de la felicidad. Para estar satisfechos, debéis olvidaros de la satisfacción. Dejad de vivir en el pasado y en el futuro. Dejad de buscar la felicidad y veréis que ya no sois infelices. Dejad de perseguir la satisfacción y de repente os sentiréis satisfechos.

«Rezad para que vuestra mente se sienta satisfecha en cualquier circunstancia. La oración es auténtica sólo cuando rezáis para que vuestra mente esté satisfecha y en paz, sin importaros lo que recibáis.

«El Señor Vishnu dijo una vez a su devoto: 'Estoy cansado de tus constantes peticiones. Te voy a otorgar tres deseos. Después, no te concederé nada más.' El devoto se emocionó al oír esto y no dudó al pedir su primer deseo. Pidió que su esposa muriera para que él pudiera casarse con una mujer mejor. Su esposa murió.

«Pero cuando sus amigos y parientes acudieron a funeral y comenzaron a recordar todas las buenas cualidades de la difunta, el devoto se dio cuenta de que se había precipitado y que había estado ciego ante todas las virtudes de su esposa. Entonces, dudó de que fuera a encontrar una mujer tan buena como ella había sido. Por eso, cuando le llegó la hora de formular su segundo deseo, le pidió al Señor que le devolviera la vida a su esposa, así que ahora sólo le quedaba un deseo y esta vez no estaba dispuesto a equivocarse, pues ya no tendría una oportunidad de corregirlo. Consultó a muchas fuentes y personas diferentes le sugirieron que pidiera cosas como salud y riqueza. Algunos amigos le dijeron que pidiera la inmortalidad. Otros le hicieron ver que de nada valía ser inmortal si no gozaba de buena salud. ¿Y de qué valía la salud sin dinero? ¿y cómo podía disfrutar de este si no tenía amigos?

«Pasaron los años y todavía no había decidido qué pedir, si salud o riqueza, si poder o amor. Por fin, le dijo al Señor: 'Por favor, dime qué es lo que debería pedir.' El Señor se rió del hombre y le contestó: 'Pide estar satisfecho con cualquier cosa que se te dé.'

«Renunciad y disfrutad. El verdadero fruto, la felicidad verdadera, reside en nuestro interior. Aprended a estar satisfechos con esa experiencia interna de la felicidad. Cuando coméis un plátano, sólo coméis el fruto y no la piel porque os daría dolor de estómago. De la misma manera, no permitáis que vuestra riqueza, posición y reputación sean el centro de vuestra existencia. Puede parecer que traen felicidad pero tal felicidad es transitoria y conlleva dolor. Recordad, vuestra existencia verdadera está dentro de vosotros mismos.»

Otro *brahmachari* preguntó: «Mientras Amma hablaba sobre la satisfacción, ha dicho que la satisfacción verdadera llega cuando uno comprende el aspecto espiritual de la devoción y cuando uno practica la renuncia. ¿Qué quiere decir esto?»

Amma respondió: «La palabra renuncia asusta a algunas personas. Piensan que si la satisfacción sólo puede llegar a través de la renuncia, entonces es mejor no estar satisfecho. Se preguntan cómo es posible que puedan llevar una vida satisfactoria sin riqueza, sin una casa bonita, un buen coche, una esposa o esposo y ninguna de las comodidades de la vida. Creen que la vida se les haría imposible, que sería un infierno sin todo esto.

«Pero, ¿conocéis a alguien cuyas posesiones le hagan verdaderamente feliz? La gente que piensa encontrar la felicidad en los lujos y comodidades de la vida es la más desgraciada. Cuanta más riqueza y comodidades se tengan, más preocupaciones y problemas vendrán. Cuanto más deseéis, más insatisfechos os sentiréis porque los deseos son interminables. La cadena de ambición y egoísmo continúa creciendo; es una cadena que no tiene fin. Una persona que siempre piensa en acumular cada vez más no puede estar satisfecha. Y esto no significa que para estar satisfecho haya que renunciar a todos los deseos. Esta no es la cuestión. De lo que se trata es de que se debería aprender a estar satisfecho con lo que uno tiene y que simplemente acumular más riqueza y perseguir honor y posición no deberían ser los únicos objetivos de esta vida. Arad el campo, plantad las semillas, cuidad bien de los retoños, quitad las malas hierbas, regad, abonad y esperad con paciencia. Si todo esto se hace de la manera correcta y con una actitud de entrega y amor, se recogerá una cosecha abundante. Todas las acciones traen su fruto. El futuro es el fruto. Pero no os preocupéis por el futuro, esperad con paciencia, viviendo el presente y actuando con concentración y amor. La acción es el presente. Amad cada uno de vuestros actos, encontrad la felicidad en todo lo que hagáis. Esto es lo más importante. Si vivís en cada acto, deben llegar buenos resultados.

«Sólo se puede disfrutar con plenitud de lo que uno tiene viviendo en el presente, lo cual significa que debéis dejar de preocuparos sobre el resultado de vuestras acciones y sobre lo que habéis hecho en el pasado. La verdadera renuncia está en renunciar al pasado y al futuro, puesto que el pasado es el cubo de la basura donde habéis tirado todas las acciones que ya habéis realizado. Es un almacén tanto de lo bueno como de lo malo. El pasado es una herida. No la toquéis ni la rasquéis; no la hagáis mayor. Si os rascáis, esto es, si hurgáis en vuestros recuerdos, la herida se infectará. No lo hagáis. En vez de eso, dejad que cicatrice. Y esto sólo se puede conseguir en el presente, con fe y amor de Dios. Recordad a Dios, cantad su nombre, meditad en su forma y repetid vuestro mantra. Esta es la mejor medicina para curar la herida del pasado. Tomad esta medicina para olvidaros del pasado y no os preocupéis por el futuro.

«La verdadera devoción requiere renuncia y esto es de lo que carecen la mayoría de los que se llaman devotos. Un devoto de este tipo, no hace más que darle vueltas al pasado, o soñar sobre el futuro, construyendo castillos en el aire. Incluso mientras canta el nombre de Dios, se pierde en recuerdos pasados o crea sueños futuros. De esta manera, deja pasar toda la belleza que encierra cantar el nombre de Dios. No es capaz de apreciar la divina belleza de su amada deidad o la forma afectuosa y compasiva de su gurú y con ello, también se pierde su Gracia. Sus oraciones son vacuas y nunca mira dentro de su propio corazón. Jamás disfruta del placer de la devoción y del amor, y como no se entrega en sus meditaciones, éstas están secas. Así mismo, se pierde toda la belleza del presente porque no es capaz de renunciar ni al pasado ni al futuro. Sus acciones no son hermosas y sus palabras carecen de inspiración.

«Vivir el presente es el aspecto espiritual de la devoción; mientras que el mal llamado devoto se preocupa más del aspecto material de su fe. Para él, la fe en Dios es un trabajo a media jornada. Sus oraciones y meditaciones no son verdaderas. No es capaz de soltarse, está tan apegado que incluso a veces grita: '¡No me puedo olvidar de mis recuerdos, me atrapan y me atan!' ¡Qué pena! Los recuerdos no atan porque no tienen vida, no tienen poder; es él mismo quien se aferra a ellos. Si los soltara, sería libre. Por mucho que hable de renuncia y servicio desinteresado, no está siendo sincero.

«Amma ha escuchado una historia. Un hombre le dijo a otro: 'Amo el camino de la renuncia y el servicio desinteresado.'

El segundo hombre le contestó: '¡Oye! ¿Pero ya sabes qué significa renunciar y servir con desinterés?'

A lo que el primero respondió: 'Sí, claro que lo sé.'

'Entonces,' replicó el segundo, 'si tienes dos televisores, deberías dar uno a alguien que no tenga.'

'Oh, sí, puedo hacerlo,' dijo el primero.

'De acuerdo,' respondió el segundo, 'y si tienes dos coches, uno debería ser para quien no tiene.'

El primero le contestó: 'De acuerdo, hecho.'

Sorprendido por tal generosidad, el segundo hombre prosiguió: 'Así que, si tuvieras dos vacas, regalarías una, ¿no?'

'¡No! ¡Eso es imposible!' exclamó el primero. '¡No puedo hacer eso!'

El otro estaba perplejo. '¿Por qué no? Es lo mismo que en los casos anteriores, ¿no? Si eres capaz de entregar un televisor y un coche, ¿por qué dudas cuando se trata de una simple vaca?'

El primer hombre entonces explicó: 'No, no es lo mismo en absoluto. No tengo ni dos televisores ni dos coches. ¡Pero sí tengo dos vacas!'»

Todo el mundo se rió con este magnífico ejemplo de Amma. Después, ella prosiguió: «Hijos, este es el tipo de entrega que tenemos. Ponemos toda clase de excusas: 'Si hubiera tenido esto, te habría ayudado, te habría dado lo que necesitabas.' Pero cuando realmente tenemos la posibilidad de ayudar, se nos olvidan todas las promesas que hicimos. Prometemos teniendo en cuenta lo que no tenemos, pero somos incapaces de compartir lo que poseemos.»

Capítulo 7

Sahasra-seersha purushaha
Sahasra-aksha-h sahasra-paath
Sa-bhoomim viswatho vrittwa
Atya-tishtah-dhasangulam

«ÉL, el Señor cósmico, el Purusha de mil cabezas,
mil ojos y mil piernas, está presente en todo el universo y más
allá de él.»   — Purusha suktam

Nada escapa a la vista de Amma, ya sea grande o pequeño, importante o insignificante, ella lo ve todo. Las escrituras dicen que el Señor cósmico, el Purusha, tiene mil cabezas, mil ojos y mil piernas. También dicen que está presente en todo el universo y más allá de él.

En este contexto, la palabra 'mil' denota el infinito. Alguien que ha realizado a Dios o al Infinito, ve como si lo hiciera a través de un número infinito de ojos, oye a través de un infinito número de oídos y saborea a través de un infinito número de bocas. Quien es uno con *Brahman*, siente a través de toda la creación. Una persona así experimenta el mundo a través de todas las mentes que habitan en los tres mundos, porque todos son partes de esa infinidad. Una persona así no puede pasar por alto nada de lo que ocurre en el mundo. Su mirada lo penetra todo. Por eso, el ojo de Amma es el ojo cósmico. Su mente es la mente cósmica porque Amma es una con el universo. Ella es la Infinitud. En el *Bhagavad Gita*, refiriéndose al Supremo Purusha, el Señor Krishna dice: «Todas las cabezas son Suyas, todos los ojos son Suyos, todas las piernas son Suyas.» Lo mismo ocurre con Amma. Nada escapa a su mirada.

Al poco de llegar al ashram, uno de los *brahmacharis* tuvo una experiencia que le convenció de que Amma sabía todo lo que él hacía. Esto ocurrió a comienzos de 1982, cuando una tarde, un devoto le regaló al *brahmachari* un gran paquete de galletas y le dijo que era para todos los residentes del ashram. En aquella época, no había más de doce residentes permanentes y, al principio, el *brahmachari* tenía intención de compartir las galletas con sus hermanos espirituales. Pero más tarde, cuando estaba sentado a solas en su pequeña cabaña, pensó: «Nadie sabe que este devoto me ha dado las galletas y ahora se ha ido. No tengo que preocuparme de que se lo cuente a los demás, así que me las voy a quedar y las voy a saborear durante unos días.» El *brahmachari* escondió el paquete detrás de la foto de Amma que tenía sobre su altar y la cubrió con el paño del altar. Pensaba que este era un buen escondite porque su altar estaba en una oscura esquina de la cabaña y, en cualquier caso, ¿por qué iba nadie a mirar allí? El *brahmachari* salió de su cabaña y siguió con lo que estaba haciendo. ¿Quién puede predecir lo que sucederá en presencia de Amma? Después del *bhajan* de la tarde, ocurrió lo impredecible.

Cuando el *bhajan* terminó, Amma caminó hasta los cocoteros. Paseó entre los árboles durante un rato y después, sin razón aparente, se dirigió hacia la cabaña del «ladrón de galletas». Este se hallaba sentado fuera, pero en cuanto vio a Amma entrando en su cabaña, se apresuró tras ella hasta su habitación. Amma permaneció unos instantes en medio de la estancia; después, de repente, metió las manos detrás de la foto y sacó las galletas. El *brahmachari* palideció y bajó la mirada, avergonzado. Al momento, cayó a los pies de Amma y se echó a llorar. Con una sonrisa traviesa, Amma se quedó allí con las galletas entre las manos. Después de unos instantes, Amma pidió al *brahmachari* que se pusiera de pie. Este así lo hizo, pero sin levantar la vista y, en esa posición, pidió perdón con lágrimas en los ojos.

Todavía con esa sonrisa traviesa y las mejillas encendidas, Amma sostuvo el paquete de galletas y extendió la mano. No mostró la más mínima consternación al decirle: «Hijo, cógelas, son para ti. Te las puedes comer tú sólo. No te sientas mal.» Al escuchar las suaves pero cortantes palabras de Amma, el *brahmachari* gritó: «¡Amma, por favor, no me tortures más!» Amma ya no pudo esconder por más tiempo su amor y compasión y, colocando la cabeza del *brahmachari* sobre su hombro, le consoló con ternura: «Hijo, sólo era una broma. Amma sabe que lo hiciste con inocencia infantil. No te preocupes, después de todo, es Amma la que te ha descubierto. No te avergüences ni te sientas herido pero, hijo, intenta no ser egoísta. Si ni siquiera eres capaz de compartir algo tan pequeño con tus propios hermanos espirituales, ¿cómo vas a compartir tu corazón con todo el mundo? ¿Cómo vas a renunciar a tu egoísmo para amar y servir al mundo? Este es el lugar desde el cual debes empezar, así que procura ser más abierto y generoso.»

Este incidente es tan sólo uno de los innumerables ejemplos que ilustran el poder de los «mil ojos» de Amma. Gracias a él, vemos de qué manera tan bella y encantadora señala y corrige Amma los errores de sus hijos; de un modo que no hiere ni crea heridas. Y si lo hace, ella también sabe cómo curarlas. Aunque permita que los *sadhaks* experimenten cierto dolor o tensión para ayudarles a darse cuenta de sus errores, la compasión y el amor incondicional que ella expresa son tan grandes, que alivian y curan el dolor.

El respeto a la vida

Viernes, 14 de septiembre de 1984

Hace unos días, uno de los residentes transplantó un árbol de mango medio crecido de una esquina a otra en una nueva parcela de tierra que el ashram había adquirido recientemente. Como no le gustaba dónde estaba, lo transplantó con la ayuda de otros residentes. Sin embargo, a ninguno se le había ocurrido pedir permiso a Amma antes de hacerlo.

Un par de días después de esta operación, Amma inspeccionó las instalaciones de improviso. Cuando los *brahmacharis* vieron que Amma se dirigía hacia la nueva parcela, se miraron y comenzaron a susurrar. Estaban asustados porque el árbol se había marchitado al poco de haberlo transplantado. Nada más llegar, Amma dijo: «Aquí falta algo. ¿Qué es?» Todos palidecieron y callaron. «¡Shiva! ¿Dónde está el mango?» exclamó Amma. No dijeron nada. Nadie se atrevía a decir una palabra. Amma insistió: «¿Qué le ha ocurrido al mango? ¿Es que lo habéis cortado?» Por fin, *Brahmachari* Pai dio un paso al frente y, con voz temblorosa, dijo: «Amma, Nedumudi transplantó el árbol a otro lado y todos le ayudamos a hacerlo.»

«¿Dónde? ¿Dónde lo habéis llevado?» dijo Amma preocupada. Guiados por *Brahmachari* Pai, Amma y el resto del grupo caminaron al lugar en el que habían transplantado el mango. Al verlo marchito, Amma exclamó: Shivane con el corazón partido: «¡Shivane! ¿Qué le has hecho al árbol? ¿Cómo has podido? ¡Qué pecado más grande has cometido! ¿Por qué no me preguntaste antes de moverlo? No te lo habría permitido. No puedo soportar ver este pobre árbol marchito.»

Las palabras de Amma estaban llenas de preocupación y dolor. En su cara se reflejaba la angustia que sentía. Sus sentimientos y preocupación eran los mismos que los de una madre ante un hijo herido. Se sentó en el suelo, bajó la cabeza y apoyó la frente en las manos. Aquellos que se encontraban cerca de ella, vieron que estaba llorando. Mientras que unos se preguntaban cómo es que Amma lloraba por algo tan insignificante, otros se admiraron por la compasión y amor divinos que ella mostraba hacia toda la naturaleza, incluso hacia las plantas. Conmovidos por la emoción de Amma, algunos no pudieron contener las lágrimas.

Después de un buen rato, Amma les habló: «Hijos, por favor, jamás volváis a destruir vida como lo habéis hecho. Estos actos no son propios de los que siguen un camino espiritual. Nuestro objetivo es sentir la vida en todas partes. Deberíamos evitar destruir. No tenemos derecho a hacerlo. No podemos crear, así que no deberíamos destruir. Sólo Dios puede crear, mantener y destruir vida. Estas tres cosas están más allá de nuestra capacidad. Estas hazañas sólo pertenecen a su jurisdicción. Por lo tanto, no volváis a repetir algo parecido. Si no podéis juzgar las cosas y situaciones correctamente por vosotros mismos, buscad el consejo de alguien sabio. Y si ellos tampoco pueden aconsejaros, permaneced tranquilos. Es más sensato no hacer nada que actuar tontamente.

«Debemos recordar que todo siente, que todo está lleno de conciencia y vida. Todo existe en Dios. La materia no existe; sólo existe la conciencia. Si nos acercamos a la vida con esta actitud, es imposible destruir; la mera idea de la destrucción desaparece. Sólo entonces podéis ayudar y servir a los demás para su propio beneficio y para mejorar el mundo.

«Cuando Amma habla sobre el 'mundo', no se refiere sólo a los seres humanos, sino también a los animales, plantas y árboles, a toda la naturaleza. Es cierto que los seres humanos son las criaturas visiblemente más evolucionadas, pero eso no significa que otras formas de vida no tengan sentimientos. Los *Vedas* y los *Upanishads* dicen que la conciencia lo impregna todo.

«Dios habita en todas partes. ¿Dónde se menciona que Dios habita sólo en los seres humanos y no en los animales u otras especies de vida? Él está en las montañas, los ríos, los valles, los árboles. Está en los pájaros, en las nubes y en las estrellas, en el sol, en la luna, en todas partes. Dios habita en *sarva charaachara*, en lo que se mueve y en lo inmóvil. ¿Cómo puede matar y destruir alguien que ha comprendido esto?

«Puede que creáis que los humanos son capaces de hablar, caminar, actuar, pensar y sentir y que las plantas no. Creéis que no tienen vida y por ello las cortáis, las destruís y las usáis para vuestros propósitos egoístas. Sin embargo, todo lo que existe en la Naturaleza tiene una misión que cumplir. No hay ni un error en la creación. Todo está bien calculado y medido con exactitud. Las proporciones son perfectas.

«Toda criatura, todo lo que ha sido creado por Dios es especial. Pensad en los milagros de la naturaleza. Los camellos han sido bendecidos con una bolsa especial para almacenar agua; el canguro con una cuna para transportar a su cría allí donde vaya. Incluso las criaturas o plantas más insignificantes y las aparentemente dañinas tienen una misión específica que cumplir. Amma ha oído que las arañas mantienen en equilibrio la población de insectos; las serpientes mantienen bajo control a los roedores y hasta el diminuto plancton unicelular sirve de alimento a las ballenas. No podemos saber cuál es el propósito de cada cosa. La Naturaleza es un misterio para nosotros y por ello, actuamos de manera absurda destruyendo vegetales, árboles y animales. Muchas plantas ayurvédicas nos parecen mala hierba sin utilidad alguna. Las destruimos por ignorancia, pero un médico ayurvédico sabe lo útiles e importantes que son.

«El ser humano depende de la Naturaleza para existir. La Naturaleza es una parte indispensable para la vida en la tierra. Sin la Naturaleza, ninguna criatura puede subsistir, ni un ser humano, nada puede vivir. Por lo tanto, es uno de nuestros principales deberes cuidar con amor a todos los seres vivos. Puede que penséis que destruir un árbol o una planta no es tan grave como matar a un ser humano. Pero no es así. Las plantas y los animales también tienen emociones y sienten miedo. Cuando alguien se acerca a una planta o árbol con un hacha o un cuchillo afilado, la planta se asusta, tiembla de miedo. Tenéis que aguzar el oído para oír sus gritos; observar con sutileza para daros cuenta de su indefensión. También os hace falta una mente sutil para sentir su miedo. No veis cómo sufren pero podéis sentirlo con un corazón compasivo. Para ver el sufrimiento de una planta, el ojo de vuestra mente debe estar abierto. Por desgracia, no captáis aspectos sutiles a través de vuestros ojos externos y, por ello, destruís plantas y árboles desamparados.

«Está científicamente comprobado que las plantas y los árboles también tienen emociones y sentimientos, al igual que los humanos o los animales. Incluso, hasta cierto punto, se pueden expresar y si mantenemos la actitud correcta, podemos aprender a entenderlos. Hace mucho tiempo, los santos y sabios de la India, después de profundizar en el laboratorio de su propia conciencia, proclamaron que las plantas y los árboles también tenían sentimientos y que podían expresarlos si uno mantenía una actitud afectuosa y compasiva hacia ellos.

«La historia de Shakuntala es un buen ejemplo para ilustrar este punto. Shakuntala era hija adoptiva de un sabio llamado Kanwa. Desde muy temprana edad, Shakuntala mostró un amor espontáneo por la Naturaleza, los animales, las plantas y los árboles. Los amaba y cuidaba de ellos como de su propia vida. Cada día, regaba las plantas y arbustos que rodeaban la ermita y pasaba mucho tiempo en el jardín, mostrando su amor hacia ellos. Hasta besaba y acariciaba las plantas. También mostraba el mismo amor por los animales y los pájaros. En particular, había una planta de jazmín a la que estaba más unida y por la que más amor sentía. Todos los días, pasaba horas limpiando las hojas y oliendo sus hermosas flores.

«Una vez, llegó un rey que estaba cazando en el bosque. Vio a Shakuntala y quedó prendado de ella. El rey y Shakuntala se casaron. Se cuenta que el día que Shakuntala abandonó la ermita, todos los árboles y plantas se doblaron de dolor. Shakuntala se acercó a cada planta, árbol y animal y se despidió de ellos con los ojos llenos de lágrimas. Los ciervos y pavos reales lloraron con gran pesar cuando Shakuntala les dijo adiós. Y la planta de jazmín, que tanto quería, se enredó en sus pies para evitar que ella se marchara.»

Interrumpiendo la profunda corriente de sus palabras, Amma miró al árbol de mango. Permaneció un buen rato en silencio, con la mirada fija en él. Después, entró en un estado de abstracción. Mientras permanecía con los ojos cerrados, le corrieron lágrimas por las mejillas. Tal vez, sentía compasión por el árbol de mango. Tal vez sus lágrimas se debían a algo que nunca llegaremos a saber.

No seáis egocéntricos

«Amma, lamentamos haber sido tan descuidados», susurró uno de los *brahmacharis* con auténtico arrepentimiento. «No pretendíamos destruir el árbol.»

Abriendo los ojos, Amma dijo: «En verdad, es una pena que la destrucción se haya convertido en el lema del hombre moderno. Nadie desea con sinceridad el bien de su prójimo. La gente se ha vuelto muy egocéntrica. No quiere más que destruirse y destruir todo lo que le rodea. La idea de la destrucción llega cuando la ambición y el egoísmo se apoderan del hombre. El amor y la compasión son fuerzas que unen y por sí mismas pueden crear unidad y cooperación. Cuando el hombre sólo piensa en él y en sus propios deseos, su mente se estrecha, se vuelve casi ciego y no ve nada más que su persona y su pequeño ego tan egoísta.

«Amma ha escuchado la historia de unos jóvenes que querían ser discípulos de un maestro espiritual. El maestro llevó a sus futuros discípulos hasta un pozo y les preguntó qué veían dentro.

Todos menos uno dijeron que sólo veían su reflejo. '¿No veis nada más?', volvió a preguntar el maestro. Todos respondieron negativamente, salvo un joven que dijo: 'Sí, yo también veo mi propio reflejo junto al de los árboles y plantas que crecen alrededor del pozo.' El maestro aceptó a este joven como discípulo y al resto les dijo: 'Sólo visteis vuestra imagen, lo cual muestra que sois muy egocéntricos, mientras que este joven también vio los árboles y las plantas, lo cual muestra que él no es egocéntrico. Tiene una visión más clara que la vuestra y a él le acepto para que sea mi discípulo.'

«Hijos, una persona egocéntrica no siente ni amor ni compasión. Alguien así puede ser muy perjudicial para la sociedad porque es capaz de destruir a la ligera y sin necesidad. Destruir sin motivo es muy dañino. Algunos países han atacado a otros sin ninguna razón más que la de expandir egoístamente sus propios intereses. El egoísmo, la codicia y el egocentrismo son grandes males capaces de controlar con enorme facilidad la mente humana. Hijos, no permitáis que el mal se apodere de vuestras mentes. Destruir con premeditación es un grave pecado. No permitáis que el pecado se apodere de vosotros. Alguien que tiene una mente destructiva carece de cualquier sentimiento y le obsesiona la crueldad. Como se centra exclusivamente en él mismo, no ve la unidad en todas las cosas porque no puede ver ni sentir la vida que hay en todo. Todo lo que ve es distinto de él mismo. No percibe la vida que existe en todas las cosas, porque carece de amor y compasión. Sólo ve materia inerte y esta actitud le lleva a destruir.

«Una persona destructiva está llena de odio y rabia. La rabia y el odio ciegan a los hombres y provocan que se destruyan entre sí. Por todas partes en el mundo, la gente se está matando. Esto es lo que ocurre cuando la fuerza destructora de la rabia y el odio se apodera de la mente humana. Sin embargo, la verdadera naturaleza del hombre es la conciencia. El hombre es Dios, pero lo ha olvidado. ¡Qué pena! ¡Qué retroceso! ¡Qué degeneración!

«En una ocasión, Dios estaba muy preocupado por tres países que estaban constantemente en guerra. Cada país quería destruir a los otros dos y a sus habitantes. No sólo se odiaban los líderes; ocurría lo mismo entre la gente. Dios terminó convocando una reunión con los representantes de cada país y les preguntó: 'Queridos hijos, ¿por qué lucháis y os peleáis así? No hay paz en ninguna parte y todos viven aterrorizados. Decidme, ¿qué queréis? ¿Por qué os peleáis si yo estoy aquí para satisfacer todos vuestros deseos? Vamos, contadme cualquier problema que tengáis. Yo lo solucionaré, pero, por favor, dejad de destruiros.' Así, dirigiéndose al representante del primer país, Dios le preguntó: '¿Qué deseas?'

«El representante del primer país miró a Dios con arrogancia y dijo: 'Mira, en primer lugar no creemos en tu existencia. Sólo creemos en nuestros propios líderes. Si quieres que creamos en ti, tendrás que probarnos tu poder.'

«'¿Qué prueba queréis?' preguntó Dios. Señalando al embajador del segundo país, el representante del primero respondió: 'Que le destruyas a él y a su gente. Que los destruyas por completo. Si lo haces, creeremos en ti, construiremos templos, iglesias y mezquitas en tu honor y animaremos a nuestro pueblo a que te alabe.'

«Este deseo sorprendió tanto a Dios, que se quedó sin habla. Ante el silencio, el representante del primer país volvió a tomar la palabra. 'Muy bien, no importa. Tu silencio significa que no lo puedes hacer. Está bien. Ya que Tú no puedes, nosotros lo haremos de cualquier modo. Nos puede llevar algo más de tiempo, pero lo conseguiremos.'

«Entonces, Dios se dirigió al representante del segundo país. Sus habitantes eran creyentes, así que Dios pensó que su respuesta sería más decente y agradable. Sin embargo, cuando Dios le preguntó qué era lo que su país quería, el embajador respondió: 'Mi Señor, nuestro deseo es muy pequeño. Sólo queremos que no haya lugar sobre el mapa para nuestro amigo, el primer país.

Simplemente, hazlo desaparecer y deja un espacio vacío. No queremos que el nombre de nuestro amigo aparezca sobre el mapa. Sin embargo, mi Señor, si Tú no lo haces con tu Gracia y bendición, nuestros ejércitos lo harán en tu nombre.'

«Esta vez, Dios estaba realmente conmocionado. Si incluso aquellos que creían en Él hablaban de ese modo, ¿cómo actuarían los no creyentes? Durante unos instantes, no pudo articular palabra. Por fin, esperanzado, se dirigió al representante del tercer país, el cual parecía muy educado y caballeroso. Sonrió a Dios y le saludó con las manos en actitud de oración. Este gesto llenó el corazón de Dios de optimismo. Suspiró y pensó: 'Él me entiende. Ahora podré sentirme feliz y satisfecho pues, al menos, salvaré a un país de la destrucción.' Devolviéndole la sonrisa, Dios preguntó: 'Sí, hijo, ¿cuál es tu deseo?'

«El representante del tercer país volvió a inclinarse ante Dios y, con frialdad, le dijo: 'Divino Señor, no tenemos un deseo propio. Sé compasivo y complace los deseos de estos dos países, entonces habrás satisfecho el nuestro.'

«Así actúan todos los países, todos los seres humanos. Destruir, destruir, destruir. Hijos, ¡dejad de destruir! Ese no es vuestro camino. El vuestro es el del amor y la compasión, el de la empatía, el de sentir el dolor y la felicidad de los demás como si fueran vuestros.»

Gayatri le trajo a Amma algo de beber, pero ella lo rechazó diciendo: «Amma no tiene ganas de tomar nada después de ver lo que han hecho sus hijos. Su acto irreflexivo e irracional ha provocado mucho dolor a su corazón.» Dirigiéndose a los *brahmacharis*, continuó: «Al juzgar equivocadamente, habéis destruido una vida. Tenéis que arrepentiros. No debéis cometer otro error así. Pero como no os preocupa lo más mínimo la vida que tan innecesariamente habéis destruido, hoy Amma no tiene ganas de comer ni de beber.»

La mera idea de que Amma no iba a comer ni beber por su culpa, entristeció sobremanera a los *brahmacharis*, que se sintieron llenos de remordimiento y muy tristes. Nunca habrían podido imaginar que las cosas derivarían en algo tan grave. Cuando Amma había comenzado a contar historias, creyeron que el incidente del árbol ya se había terminado, que no levantaría más revuelo. Pero las palabras de Amma volvieron a entristecerles. Amma se acercó de nuevo al mango. Esta vez, abrazó y besó su tronco. Como dirigiéndose a la mismísima vida del árbol o a una deidad que se encontraba por encima de este, Amma dijo: «Mis hijos han actuado irracionalmente. Son ignorantes. Yo considero que esto ha sido culpa mía. No puede ser de otra forma, ya que no les he enseñado tan bien como para que comprendan y sientan que hay vida en toda la creación. Te pido perdón de parte de mis hijos. Perdónales por un acto tan ignorante.» Amma volvió a abrazar y a besar al árbol antes de regresar al ashram.

La extraña pero magnífica reacción de Amma proporcionó a todos los presentes un gran ejemplo de humildad y amor. Los *brahmacharis* y los residentes se sintieron muy avergonzados. Nunca habrían imaginado que alguien pudiera pedir y buscar el perdón de un árbol. ¿Quién sino un ser que ve la vida en todas partes podía hacer algo así? ¿Quién puede dar un ejemplo tal de humildad y compasión sino alguien que está lleno de amor y compasión, alguien que está constantemente establecido en el estado supremo? ¿Cómo puede olvidar esto quien desea con sinceridad seguir el camino espiritual? Las lecciones o experiencias especiales que se viven con Amma, las cosas tan poco comunes que ella hace, nunca se olvidan. El recuerdo de tales sucesos e incidentes queda atesorado para siempre en el corazón de un buscador espiritual, en los vericuetos más profundos de su ser. Desesperados por el remordimiento, los *brahmacharis* siguieron a Amma mientras le decían: «Amma, ¡no ayunes! No cometeremos este error de nuevo. Amma, por favor, no ayunes. No volveremos a hacer algo así nunca más. Amma.»

Amma no escuchaba sus súplicas. Estaba a punto de subir las escaleras que conducen a su habitación cuando, de repente, Nedumudi, el *brahmachari* que había tenido la idea de mover el árbol, rompió a llorar. Ahogado en llanto, le suplicó a Amma: «¡Perdóname! Nunca volveré a cometer un error así. De ahora en adelante, no haré nada sin pedirte consejo. Fue culpa mía, Amma. Me has dado una buena lección. ¡Por favor, Amma, no ayunes! Soy yo el que ayunará tantos días como tú digas. Pero, por favor, Amma, por favor, no tortures tu cuerpo. ¡Yo soy el que tiene que sufrir! Yo no me conmoví cuando Amma se echó a llorar y buscó el perdón del árbol. ¡Qué grande es mi ego! ¡Qué pecador soy!» y empezó a golpearse la cabeza con las manos.

Al contemplar la angustia del *brahmachari*, el corazón de Amma se derritió. Se giró hacia él y le cogió de las manos. «Hijo... hijo... querido hijo de Amma. No te preocupes. Amma no va a ayunar. No te golpees. Tu arrepentimiento es suficiente. Ahora, cálmate, Amma va a comer.»

Este incidente, es un buen ejemplo que ilustra cómo Amma castiga a sus hijos por los errores que han cometido. De hecho, a esto no se le puede llamar castigo, ya que esta palabra es demasiado negativa para emplearla en un contexto así. Amma no castiga a sus hijos, simplemente, les ayuda a ser conscientes de sus errores. Una vez que se han dado cuenta de que han cometido un error y que deben arrepentirse, ya están en el camino correcto. Para reparar el error, primero, hay que tomar conciencia de él. Si alguien no se da cuenta de que ha cometido un error o de que tiene una debilidad que obstaculiza su camino, ¿cómo puede superar o retirar ese obstáculo?

Amma nos muestra nuestras debilidades y errores. Ella no siempre espera a que nosotros nos percatemos de las áreas que debemos trabajar, sino que crea las circunstancias necesarias para que en ellas veamos nuestras debilidades. Y esto lo consigue mediante un ejemplo. Quien es testigo y asimila un ejemplo así, no puede volver a cometer el mismo error con facilidad. Los ejemplos y profundos consejos que Amma da ayudan al buscador a estar más alerta y tener más cuidado; le inspiran a utilizar su capacidad de discernimiento antes de emprender cualquier tarea o tomar una decisión. Así, los mal llamados castigos de Amma son valiosas experiencias que guían a sus hijos por el camino correcto. No se pueden llamar 'castigos' a las lecciones de Amma, pues, en realidad, son bendiciones. Cuando Amma regaña o 'castiga', es su manera de fluir hacia el buscador espiritual.

Amma se sentó en el último peldaño de las escaleras. Nedumudi seguía llorando, cubriéndose la cara con las manos. La compasión se reflejó en los ojos de Amma, mientras ella acariciaba con cariño la cabeza de Nedumudi. Gayatri todavía sostenía la bebida que había traído para Amma. Esta la cogió y dio un sorbo. Alzando la cabeza del lloroso *brahmachari*, Amma le echó un poco de agua en la boca. Después, hizo lo mismo con el resto, y al momento, todos sonreían. Se sentían felices al recibir la bendición de Amma y saber que no iba a ayunar. Amma sonrió a todos y dijo: «Hijos, nuestras mentes están agitadas, vamos a calmarnos.»

Entonces, Amma comenzó a cantar *Paurnami ravil*.

Oh, Madre,
Eres el resplandor de la luz
Que brilla en el cielo en una noche de luna llena.
Eres una tarde de primavera,
Que llega en un fragante y hermoso palanquín
Cubierto de flores.

Oh, Madre,
Eres el exquisito sonido

Que se despierta en las suaves cuerdas de un tambura.
Eres un poema lírico
En la bulliciosa imaginación de un poeta.

Eres aquella en la que los siete colores primarios
Se han fundido con las siete notas.
Eres la fragancia de una flor,
La belleza de un arco iris,
Y la frescura de una brisa.

La atmósfera volvió a calmarse y se llenó de paz. Todos se llevaron el recuerdo de otra magnífica experiencia cargada de valor.

Un Mahatma no puede destruir

Sábado, 15 de septiembre de 1984

La meditación de la mañana había comenzado. Amma estaba sentada entre los cocoteros, rodeada por los residentes del ashram. Ella observaba de cerca a todos para ver si meditaban con un *sraddha* adecuado. Incluso cuando, a las nueve y media, finalizó el tiempo dedicado a la meditación, nadie se movió. Nadie habló durante un tiempo. Después de un rato, uno de los *brahmacharis* hizo una pregunta: «Amma ha dicho que no se puede destruir la vida si uno siente amor y compasión. Sin embargo, Krishna y Rama mataron a mucha gente. Jesús azotó a los mercaderes que comerciaban en el templo. Estos Maestros son conocidos como encarnación del amor y la compasión aunque hicieron daño a la vida. ¿No es esto una contradicción?»

«En primer lugar,» dijo Amma, «deberías recordar que Rama y Krishna no sólo eran Seres Perfectos sino que también eran reyes. Rama era rey y Krishna era un creador de reyes. Como

gobernantes de sus países, su primer y principal deber era protegerlos de todo peligro, al igual que a su gente. Siempre y donde
quiera que la rectitud se viera amenazada, debían luchar para
destruir las fuerzas del mal. Pero ellos sólo lucharon contra reyes
crueles y fuerzas malignas.

«Rama y Krishna encarnaban el Poder Universal. Representaban el poder de Dios en forma humana y por ello eran capaces
de crear, sostener la vida y destruir. Dices que mataron pero, ¿no
sabes que también crearon y sostuvieron vidas? Muchos de estos
incidentes se narran en las grandes epopeyas. Nosotros no tenemos
el poder de crear ni de sostener vida y, sin embargo, seguimos
destruyendo, siempre poniendo excusas para nuestras acciones.
Al ver que los demás hacen lo mismo que nosotros, pensamos que
podemos justificar incluso nuestras peores acciones. Creemos que
lo que hacemos es justificable siempre que podamos acusar a un
superior de hacer lo mismo. Sabemos que estamos obrando mal,
pero tenemos que encontrar un culpable. Es ridículo culpar a Dios
de nuestros errores porque Dios es el Creador de todo el universo
y el hombre es su creación. Dios es omnipotente, omnipresente y
omnisciente y el hombre es un ser limitado por su cuerpo, mente
e intelecto. Mientras que Dios o el gurú actúan con un conocimiento total y puro, el hombre actúa por ignorancia.

«Rama, Krishna y Jesús eran omnipotentes, omnipresentes
y omniscientes. Cuando dices que Krishna mató, te olvidas que
también dio vida. ¿Recuerdas cómo devolvió la vida al nieto de
Arjuna? El niño había nacido muerto pero Krishna le devolvió
la vida. Y fue el mismo Krishna quien concedió la realización
final de la naturaleza humana, es decir, la liberación, al cazador
cuya flecha había matado el cuerpo de Krishna. Se dice que todos
aquellos a los que Él mató fueron liberados eternamente del ciclo
del nacimiento y la muerte.

«Cuando matáis o destruís algo o a alguien, lo único que conseguís es prolongar la cadena de vuestro propio karma. Vuestra mente destructiva- la rabia, el odio, el egoísmo o la avaricia- os llevan a cometer actos de este tipo. Toda la rabia, avaricia o egoísmo que lleváis dentro os persuaden para obrar mal y estas acciones contribuyen a aumentar más todavía vuestra rabia, avaricia y egoísmo, hinchando más el globo de vuestro ego. Cuando actuáis por egoísmo, rabia o codicia, os estáis tomando otro día de vacaciones, otro día libre en el camino hacia la perfección, en el camino hacia la libertad eterna.

«Si no os preocupa por cuántos nacimientos paséis o cuánto vayáis a sufrir, es vuestra opción. Pero estáis haciendo daño a otras personas. No solo al herir o matar a otros, sino sencillamente con sentir rabia, actuar con avaricia o con egoísmo hacia los demás estáis desencadenando los mismos sentimientos negativos en ellos. Vuestros sentimientos negativos invocarán su negatividad también. Ellos también sufrirán, aumentando su carga kármica y nacerán de nuevo con los *vasanas* adicionales que se han acumulado. De esta manera, a través de vuestra rabia o egoísmo, habéis alargado la cadena kármica de otra persona. Vosotros sois los responsables, puesto que es el resultado de vuestra rabia y codicia. Así es como destruís.

«Ocurre lo mismo con los árboles, plantas y otras formas de vida. Cuando las destruís, no lo hacéis por amor ni compasión. En la mayoría de los casos, es por rabia, odio, avaricia o egoísmo. Cada vez que destruís una planta o un animal, liberáis uno de esos sentimientos negativos en forma de vibraciones negativas que hacen sufrir a esa corriente concreta de vida. Lo que les dais, volverá a vosotros. Si les amáis y sentís compasión por ellos, retornará a vosotros el mismo sentimiento. Pero si el amor y la compasión están ausentes, ¿pueden existir otros sentimientos que no sean los negativos? Algunos animales o serpientes se vengan cuando el hombre se comporta con crueldad. Algunas plantas poseen también cierto grado de protección pero, en general, ni las plantas ni los árboles son capaces de defenderse a sí mismos ni de devolver el golpe. No pueden expresar su rabia, ni su miedo o amor; al menos, no de una manera que la mayoría de la gente pueda comprender o percibir. Los santos dicen que las plantas expresan sus sentimientos, pero la gente corriente no los percibe. En la actualidad, la ciencia moderna ha creado instrumentos capaces de detectar y registrar los sentimientos de las plantas y, en algunos casos, incluso pueden medir su intensidad. Así, han observado que los actos carentes de amor y compasión hacen sufrir a las plantas. Al dañarlas, estáis alargando su karma. Vuestro egoísmo impide que evolucionen a una especie superior de vida y no les permite conseguir la libertad eterna. Hijos, ¿qué pensáis? ¿No creéis que les estáis haciendo daño?»

Amma se detuvo al ver que una devota llamada Sarasamma se postraba ante ella. Sarasamma empezó a quejarse porque su hijo era muy desobediente. Mientras hablaba, la mujer lloraba. Cuando colocó su cabeza sobre el hombro de Amma, ésta le dijo: «Hija, no te preocupes, estará bien. Actúa así por la edad. Se está haciendo un adolescente, ¿no es cierto? Pues, así es como se debe comportar ahora. En este periodo de la vida, los jóvenes empiezan a darse cuenta de que son capaces de valérselas por sí mismos y que no necesitan ni el consejo ni la guía de nadie. Sienten que sus padres y la sociedad les han controlado durante todos estos años y ahora ansían ser libres. Tu chico sólo quiere ser independiente. No va a escuchar ni obedecer a nadie ni le va a entrar ningún consejo en la cabeza, porque se ha vuelto tan arrogante que ha cerrado su corazón y ya no está abierto a nada. Cree que ya lo sabe todo. Siente que la vida era oscura hasta este momento y que sus padres le habían encerrado en una cárcel de la que ahora ha salido. Es como una flor que acaba de abrirse, con la cabeza bien erguida. La flor no sabe que pronto se marchitará y que inclinará su cabeza. Así, el adolescente arrogante camina por ahí con una aire de orgullo, desobedeciendo a todo el mundo y rechazándolo todo. Pero cuando entre en la vida real, su ego se sentirá herido. Se verá forzado a agachar la cabeza. La vida le enseñará unas cuantas lecciones y después de un tiempo, su ego madurará y comprenderá mejor la vida. Entonces, será más humilde y aprenderá a obedecer.

«Cuando un oficial de policía novato redacta el informe de su primer día de servicio en la calle, tiene el ego terriblemente hinchado. Su arrogancia le puede llevar a cometer errores tales como detener a la persona equivocada o golpear a alguien sin motivo. Su poder se le ha subido a la cabeza y le ciega. Esto es bastante normal, pero pronto la vida le enseñará la lección. Si, unos años más tarde, os encontráis con el mismo policía, lo veréis distinto, puede que ni lo reconozcáis. Su ego habrá ganado más madurez, y así, toda su personalidad y apariencia habrán cambiado. La vida os golpeará hasta que hayáis aprendido las lecciones.

«Hija, es lo mismo en el caso de tu hijo. No te inquietes ni te asustes por él, porque es como un policía novato.» Todos se rieron, incluso Sarasamma.

«Pronto estará bien,» dijo Amma. «Espera un poco. Ten un poco más de paciencia y asegúrate de enviármelo aquí. Dile que a Amma le gustaría verlo.»

«Cuando sepa que Amma lo ha llamado, vendrá sin dudarlo.» Sarasamma estaba feliz. Era obvio que se sentía consolada.

Cuando Sarasamma dejó de hablar, de repente, Amma abandonó el plano normal de conciencia por otro mundo. Con los brazos extendidos, empezó a cantar *Chintakalkkantyam*.

Oh, Gloriosa Luz de Felicidad Eterna
Que amanece dentro de mí cuando mi mente se calma,
He entregado todo con alegría
Y contemplo tus Pies de Oro.

Cuando tú estás ahí conmigo como mi propio ser,
No necesito más compañía.
Pronto eliminaré la ignorancia del egoísmo.
Esta mente no estará triste nunca más,
Porque ha derramado la flor del deseo.
Deja que la mente se disuelva con brillo
Y disfruta la Paz eterna.

Por favor, ven a habitar en mi interior.
Ayúdame a vivir como el aire
En contacto con todas las cosas
Pero amarrado a nada.
Oh, hombre, ¡piensa!
¿No estás viviendo como un animal?
¿Cuál es el verdadero propósito de tu vida?

Después de la canción, Amma regresó a su estado normal. Uno de los *brahmacharis* habló: «Creo que Amma no ha terminado de responder a la pregunta sobre la destrucción que de la vida hacían Rama y Krishna.»

«Sí, es verdad,» dijo Amma. «Decís que al igual que los demás, los *Mahatmas* destruyen vida. Pero ellos no pueden hacerlo. Todos los *Mahatmas* eran y son grandes sabios de la humanidad y de toda la creación. Aunque matan y destruyen, lo que realmente están haciendo es purificar y salvar. Ellos sólo destruyen en la superficie. No pueden matar ni destruir porque no tienen ego. Son consciencia. La consciencia no puede ni matar ni destruir. Sólo una persona con ego puede hacerlo.

«Cuando Rama o Krishna mataban a alguien no sentían ni rabia ni odio. Como siempre, no actuaban por apego ni interés. Incluso entonces, desbordaban compasión y amor. Tras una apariencia externa feroz, se escondían un amor y compasión infinitos. Un *Mahatma* no está apegado a su cuerpo. El cuerpo puede enfadarse, pero el Ser, no. Él es sólo un testigo. La ira y temible forma que veis por fuera es una fachada. Los *Mahatmas* están llenos de vibraciones y energía divinas y es lo único que emanan. Ni siquiera tienen que dejar salir su energía divina porque eso es simplemente lo que son. Al respirar su último aliento, la víctima del Señor siente la energía divina, alcanza la paz y la calma y se funde con Él, o consigue un nacimiento superior, un nacimiento noble dotado de nobles cualidades.

«Si la víctima llegase a sentir rabia u odio hacia el Señor, ni siquiera crearía otro círculo de karma porque el Señor es consciencia. Sus sentimientos negativos se liberan sin crear impacto en el otro extremo, de manera que no se produce ninguna cadena de negatividad. Los sentimientos se funden en el espacio, en la consciencia. Así, aún si liberan la energía de la rabia y del odio, los egos de las víctimas se disuelven y desparecen y sus almas se transforman y purifican. En ese momento, se aniquilan sus *vasanas* y, bien transcienden el ciclo del karma u obtienen un nacimiento superior. Una vez que los *vasanas* son aniquilados, el alma se libera de toda atadura mundana. Así, no se puede comparar la muerte o destrucción que lleva a cabo un *Mahatma* con la de un mortal corriente. Los *Mahatmas* bendicen a sus víctimas, bien con un nacimiento nuevo o superior o bien, a veces, incluso con la liberación. Por lo tanto, la supuesta destrucción o muerte que ellos causan puede considerarse una bendición. El *Mahatma* es el verdadero salvador y los seres humanos los verdaderos destructores. Incluso si un *Mahatma* corta un árbol o una planta, incluso si él o ella hiere o daña a alguien, eleva; la víctima, en realidad, está recibiendo ayuda al ser transportado a un nivel superior de consciencia. ¿Cómo contemplamos todo ello desde el exterior? Sólo vemos el daño que se causa. Cuando a través de la práctica espiritual, desarrollemos un ojo y mente sutiles veremos el gran servicio que un *Mahatma* hace cuando supuestamente mata.

Lo único que matan es el ego, liberando al ser individual de las garras de la negatividad. Como la transformación o purificación que ocurre en su presencia y a través de sus acciones es tan sutil, necesitamos de un ojo y mente sutiles para ver y comprender las acciones del *Mahatma*. Al estar cegados por nuestro ego, no podemos contemplar lo que en realidad hacen. El ojo exterior es el ojo del ego. El verdadero ojo es el interior, el de la mente de mentes. Ese ojo nos ayudará a ver.»

Amma se levantó y subió las escaleras de su habitación. Gayatri la siguió y los *brahmacharis* se quedaron abajo, con los ojos puestos en Amma mientras esta ascendía por las escaleras. Aún después de perderla de vista, permanecieron quietos, disfrutando del calor que emanaba su radiante Ser.

Capítulo 8

Amma recuerda a cada uno

Martes, 20 de septiembre de 1984

Como para demostrar que, tal y como Amma había dicho, los *Mahatmas* son sabios de la vida en todas sus formas, del mango transplantado brotaron hojitas nuevas. Creían que el árbol había muerto. Se le habían caído todas las hojas y su joven tronco se había debilitado. Entonces, de repente, después de recibir la atención de la Madre, comenzó a mostrar, lentamente, indicios de vida. Y ahora, para alivio de todos, tenía un aspecto saludable. Fue en aquel momento cuando los residentes comprendieron la importancia que encerraban el beso y el abrazo que Amma había dado al árbol. Al hacerlo, ella le transmitió nueva vida. ¿Quién es capaz de comprender el significado de los actos de un *Mahatma* si ellos mismos no nos lo revelan?

Aquel día, un devoto que no podía visitar el ashram muy a menudo, llegó para decirle a Amma: «Físicamente, estoy lejos de ti la mayoría del tiempo. Apenas te veo más de una vez al mes. Amma, cuando no estoy aquí, ¿te acuerdas de mí alguna vez?»

«¡Amma se acuerda de todos!» replicó riéndose. «¿Cómo se va a olvidar Amma de alguien, cuando todo el universo está en su interior? Todos vosotros sois partes de Amma. ¿Cómo puede el todo olvidar a las partes? La parte existe en el todo. La parte puede pensar que es distinta del todo, pero este, que es el alma de todas las cosas, sabe que la parte no es distinta de él. Ese Alma Suprema es amor puro y trascendental; no contempla la parte como algo distinto de sí misma, por lo que no cabe el olvido. Amma siempre os recuerda, pero es igual de importante que vosotros os acordéis de Amma. Cuando os acordáis de que sois hijos, devotos o discípulos de Amma, cuando recordáis que ella está siempre con vosotros, que ve todas vuestras acciones y es vuestra única protección y guía, estáis recordando el todo, estáis recordando vuestra naturaleza real y vuestra verdadera morada.

«Las prácticas espirituales como la meditación y la oración son también recuerdo del Todo; del Dios en el que existís. La práctica espiritual os recuerda este mensaje: 'Yo no soy sólo una parte, sino parte del Todo; de hecho, soy uno con el Todo.' Cualquier oración y recuerdo de Dios o del gurú traerán a vuestra conciencia la gran verdad de que no sois entidades separadas, que no sois simplemente personas limitadas, sino que sois suyos, que sois Él. Cuando este hermoso recuerdo surge en nuestro interior, no podéis estar lejos de Amma ni Amma lejos de vosotros.

«Una persona cegada por el ego, se olvidará de los demás porque es egoísta. Como no siente compasión ni preocupación por sus semejantes, vive en un pequeño mundo propio y contempla todo como distinto de sí mismo. Él y el resto son entidades separadas por lo que a él respecta, porque no ve la vida como un todo. Pero la visión de un *Mahatma* es totalmente distinta. No tiene ego porque ha vaciado su mente por completo y la ha llenado de amor y compasión. Él está bien despierto y su consciencia, que se extiende por todas partes, ve y oye todo. Todo ocurre dentro de él, porque el universo entero existe en su interior. Él es el universo. Este es el significado del *Vishwarupa Darshana* del Señor Krishna[7]. Nada es distinto de Él. Al realizar la unidad con toda la creación, contempla todo como suyo, como su propio Ser.

---

[7] El Vishwarupa Darshana tuvo lugar durante el discurso del Señor Sri Krishna a Arjuna en el Bhagavad Gita, que forma parte de la epopeya Mahabharata. El Señor le reveló a Arjuna, en una visión mística, que Él era todo el universo; su ojo era el sol, la luna su mente, etc. Arjuna vio que toda forma era una forma de Dios.

«Los *Mahatmas* viven en amor y compasión. Olvidándose de su existencia individual y sacrificando todas las comodidades corporales, no sólo aman y recuerdan constantemente a los demás, sino que sirven al mundo sin egoísmo. Como no tienen ego, no piensan en su propia felicidad o comodidad. Por lo tanto, hijo, preguntas como la tuya carece de importancia. Tu esposa, hijos, padres y amigos pueden olvidarse de ti. Vete fuera una temporada y lo harán. Cuando un esposo muere, la esposa llorará al recordar los dulces momentos que pasó junto a su esposo, pero pronto aprenderá a olvidarlo y, tal vez, se case con otro. En el caso contrario, el esposo actúa de la misma manera.

«Como las personas son limitadas y egoístas, esto sucede en todas las relaciones mundanas. La gente corriente, que se encuentra bajo la gran presión de sus *vasanas*, tiende a olvidar. Tras la muerte de un esposo o esposa, probablemente se les recordará en un día señalado. Tal vez, la fotografía de sofisticado marco que se encuentra sobre la mesita les traiga algún recuerdo de vez en cuando. Es posible que, con un suspiro, murmuréis: '¡Ah! Era una buena persona pero, ¿qué puedo hacer? Estoy desamparado. La vida sigue, así que me he buscado otra pareja. Me sentía presionado por todas partes.' Se acabó. Todo se olvidó. Entre recuerdo y recuerdo hay un largo intervalo de olvido.

«Pero un *Mahatma* está más allá de esta debilidad, puesto que su corazón es tan grande como el universo. Él es espacio infinito capaz de contener todo y a todos. Él no duerme. Está bien despierto y por ello, no olvida.

«Hijo, Amma se acuerda de ti y no sólo de ti sino de todo el mundo. ¿Cómo va a olvidarse Amma de alguien cuando ella está dentro de todos vosotros? Dejad de dudar e intentad ir más allá de vuestra limitada visión. No preguntéis: '¿Te acuerdas alguna vez de mí?' No creáis que físicamente estáis lejos de Amma o que sólo veis a Amma una vez al mes. Es vuestra mente la que os plantea estas preguntas y dudas. Dejad de escuchar a vuestra mente y sentiréis a Amma en vuestro corazón. Entonces, sabréis que Amma nunca os ha olvidado, que siempre habéis existido en ella y siempre lo haréis.

«Escuchad esta historia: un amante llamó a la puerta de su amada. '¿Quién es?' preguntó la amada desde dentro. 'Soy yo,' dijo el amante. 'Vete. En esta casa no cabemos los dos.' El amante se alejó sintiéndose terriblemente abatido. Durante meses vivió solo, meditando sobre lo que su amada le había dicho. Al final, un día volvió a llamar a la puerta de su amada. '¿Quién es?' dijeron desde dentro. 'Soy tú,' fue la respuesta. La puerta se abrió de inmediato.

«El Amor no puede contener a dos, sólo a uno. El Amor es *purnam*, (totalidad). En el constante y fiel recuerdo del Amor, 'tú' y 'yo' se disuelven y desaparecen. Sólo queda el Amor. El universo entero está contenido en ese Amor puro e indivisible. El Amor es interminable; nada queda fuera de él. El Amor lo abarca todo.»

Estas palabras muestran que la verdadera naturaleza de Amma es tan grande como el universo. «Veo todo el universo como una pequeña burbuja dentro de mí,» dice Amma. La naturaleza de Amma es la Infinitud. En la canción *Ananda Vidhi*, Amma describe el estado de realización: «A partir de ese momento, nada era distinto de mi propio Ser. Fundida en esa felicidad de unión eterna con el Shakti Supremo, renuncié al mundo con todos sus objetos.» El estado de renuncia suprema es el estado de desapego más elevado. En ese estado, uno va más allá de toda forma, uno pierde toda conciencia individual y se hace uno con el Infinito.

«Si os acordáis de Amma en todo momento y la amáis, ya es suficiente. Basta si la recordáis con sinceridad e intensidad una vez al día,» continuó Amma. «Hijo, donde hay amor no existe la distancia ni la separación. Es vuestro amor por Amma el que os mantiene cerca de ella. Tanto si la amáis como si no, tanto si sois capaces de sentir su amor como si no, Amma os ama y está con vosotros. Pero sólo sentiréis su cercanía o presencia cuando la améis. El Señor Krishna solía bailar en éxtasis en las orillas del río Yamuna con las Gopis de Brindavan. Un día, Krishna despareció de repente y no volvió en mucho tiempo. Las Gopis entraron en un profundo estado de dolor. Algunas lloraban, otras se desmayaban y otras gritaban: 'Krishna, Krishna, Krishna...', como si se hubieran vuelto locas. Por fin, bien entrada la noche, el Señor volvió. Olvidándose de ellas mismas, las Gopis corrieron hacia Él y le suplicaron: 'Oh, Krishna, ¿cómo tú, que te muestras tan cariñoso con tus devotos, nos has castigado así? ¿Por qué desapareciste dejándonos solas? ¿Es que nuestro amor por ti no es lo suficientemente puro? Krishna, tú eres nuestro amado Señor y Dios. Por favor, no abandones a estas Gopis que no tienen otro refugio que tus Pies de Loto.'

«Krishna sonrió y replicó:'Mis bien amadas, ¿cómo podría alejarme de vosotras, que sentís tanto amor por mí? Incluso el aire que respiráis está impregnado de mi nombre y forma. Hasta los latidos de vuestro corazón entonan mi oración. Queridas Gopis, donde hay un amor puro y verdadero no hay diferencias, no hay distancias. Aunque el sol brille allá en lo alto, los lotos del estanque siguen floreciendo. De igual manera, los lotos que hay en vuestros corazones se han abierto por completo bajo el sol de vuestro amor por mí. Somos uno para siempre.' De igual modo, hijos, ¿cómo puede existir un sentimiento de diferencia o distancia si recordáis a Amma constantemente con amor y devoción? Amma está dentro de vosotros y vosotros estáis dentro de la Madre.»

Al escuchar las tranquilizadoras palabras de Amma, el devoto se sintió muy feliz y miró a la Madre con una sonrisa llena de alegría. Después, expresó el deseo de cantar para Amma. La canción que le dedicó fue *Orunalil varumo*.

Oh, Madre de Felicidad sobrenatural,
¿Vendrás un día a la capilla de mi corazón

Con tu lámpara que brilla eternamente?
Es por esta única razón
Que este peregrino vaga errante.

Oh, Devi, ¿no me vas a bendecir?
Con el corazón derretido
He buscado por todas partes a la Madre Divina.
Oh, Madre, derrama tu Gracia sobre mí.
Acaríciame con tus suaves manos.
Oh, Madre, dame refugio.
Estoy exhausto.
Sé que es verdad que habitas en mi interior,
Pero, ¿cuándo llegará el día de la Realización?

Altruismo e intelecto

Sábado, 22 de septiembre de 1984

A media tarde, Amma estaba sentada en la arboleda de cocoteros con algunos de los *brahmacharis*, Gayatri, Kunjumol y unos cuantos devotos. Uno de los *brahmacharis* preguntó: «Amma, ¿es necesario que haga *sadhana* una persona que actúa desinteresadamente?»

Amma comenzó a decir: «Hijos, el verdadero desinterés sólo es posible después de haber alcanzado la Auto-Realización. Todos los actos que llamamos 'desinteresados' antes de haber llegado a ese nivel, son meros intentos de alcanzar el último estado de altruismo. Las acciones desinteresadas sólo son posibles cuando nos hemos liberado del ego de raíz. Hasta entonces, cualquier acto tendrá un toque de egoísmo. Puede que penséis que lo que habéis hecho es 'desinteresado', pero si miráis un poco más adentro, descubriréis que siempre hay un interés escondido.

«Hijos, el altruismo es la meta que hay que conseguir mediante acciones combinadas con meditación, *japa*, cantos y otras prácticas espirituales. Siempre debería haber un equilibrio entre la meditación y la acción. La acción por sí sola no os conducirá a la meta. El camino correcto es la acción que se realiza con una actitud de entrega y amor. La acción debería estar bien anclada en los principios esenciales de la espiritualidad porque, de lo contrario, no llegaréis hasta la meta. Sólo una actitud correcta os llevará hasta el estado de altruismo.

«Vemos cómo trabaja la gente. Sin embargo, el trabajo por sí solo no nos hace desinteresados. Las personas trabajan para ganarse la vida, para adquirir honor, estatus y posición. De esta manera, el trabajo no consigue más que inflar sus egos. Un trabajo así se convierte en alimento para el ego. Estas personas tienen deseos que cumplir puesto que, todavía, en su interior, hay una buena cantidad de *vasanas*. Su visión de la acción es totalmente distinta a la de un *sadhak*. No tiene nada que ver con la espiritualidad ni con sus principios esenciales. Una acción enfocada hacia la consecución de nuestros deseos no conduce al altruismo. No puede ayudaros a profundizar en la meditación porque la acción egoísta crea más olas mentales, más *vasanas* y más deseos. Sólo la acción que se realiza sin egoísmo os ayudará a profundizar más en la meditación. Y la verdadera meditación tendrá lugar únicamente cuando os hayáis vuelto desinteresados de verdad, porque es el altruismo el que se lleva los pensamientos y os conduce a las profundidades del silencio.

«La acción que se realiza con espíritu desinteresado es bien superior a la que se realiza por motivos egoístas. Una persona inspirada por el ideal del altruismo está menos apegada a la acción y más dedicada a este ideal. Esta actitud desinteresada posee una belleza propia. Cuanto más sintáis la felicidad y alegría de los actos altruistas, os introduciréis cada vez más profundamente en un estado in-egoísta y de meditación. Así pues, al principio dejaos inspirar por ese ideal. Amad el ideal, que él os inspire. Cuando se empieza, es un intento consciente y deliberado, pero a medida que este ideal altruista os inspire más, trabajaréis desde el corazón. La misma realización del trabajo hará brotar alegría de lo más profundo de vuestro interior y, con el paso del tiempo, lo haréis espontáneamente. Aparte de realizar acciones desinteresadas, también deberíais encontrar tiempo para la contemplación, meditación y oración. A medida que intentéis actuar desinteresadamente, surgirán roces y conflictos. Es inevitable, en especial cuando trabajáis en grupo. Los roces y los conflictos os perturbarán la mente, lo cual, a su vez, puede que disminuya vuestro entusiasmo y vitalidad y os haga sentiros menos inspirados por el ideal altruista. Surgirán sentimientos de rabia, odio y pensamientos de venganza. Para quitar todos estos sentimientos negativos y para manteneros siempre en el estado correcto, tenéis que meditar, rezar y dedicar un tiempo a la contemplación. No deberíais permitir que ningún pensamiento bloquee vuestro crecimiento espiritual. No deberíais tener malos sentimientos hacia nadie.

«Hijos, como en nuestro estado mental presente nuestras, así llamadas, acciones 'desinteresadas' no siempre están completamente libres de interés, debemos intentar mantener un equilibrio perfecto entre acción y meditación. La introspección, contemplación, oración y el canto son necesarios en las primeras etapas de la vida espiritual. A medida que avancemos en nuestra actitud desinteresada, nuestra meditación ganará en profundidad.»

Otro *brahmachari* preguntó: «Amma, ¿puede la comprensión intelectual adecuada conducir al estado de Auto-Realización? O, ¿es cuestión de fe absoluta y de un amor puro e inocente?»

Amma sonrió: «Hijos, una persona dotada de una comprensión intelectual correcta no puede seguir llamándose 'intelectual' porque ese tipo de comprensión implica un discernimiento correcto o *viveka*. *Viveka* os ayuda a ver con claridad y a penetrar en las cosas y acontecimientos que os rodean.

«Una persona que sólo emplea el intelecto y se enorgullece de él, tiene una personalidad obsesiva. Tanto si está en lo cierto como si no, cree con firmeza que su punto de vista es correcto, que lo que él ve está bien. Una persona así, no oye ni escucha lo que otros sienten sobre algo. Incluso si otra persona está hablando, él seguirá hablando en su interior. Está lleno de ideas e información y siempre espera a que la otra persona termine de hablar para poder empezar. No escucha. No absorbe nada. Las personas así no se entregan. Tampoco pueden meditar ni rezar porque están inquietos y confundidos. Es difícil estar con ellos pues enfurecen a los demás con facilidad y se crean enemigos. También les resulta difícil creer en Dios o en un gurú porque no aceptan que alguien sea su superior. Una persona de estas características dirá: 'Yo soy mi propio jefe.' Está enganchada al intelecto y no ve ni va más allá de sí misma. Para ir más allá, se necesita fe. La mayoría de los intelectuales están encerrados en un caparazón que ellos mismos han creado. No pueden salir de él pues se sienten seguros. Fuera del caparazón, les embarga la inseguridad. Poseen sus propios conceptos y teorías y les entusiasma exponerlos. Una persona que sólo confía en su propio intelecto, no puede entregarse con total aceptación, a menos que tenga que enfrentarse a un grave peligro, una amenaza a su vida o una experiencia cercana a la muerte. Sólo ante una amenaza grave, se le presentará una oportunidad para alzar su voz hacia Dios. Sin entregarse, ¿cómo va a abrir el corazón? ¿Cómo verá la realidad que hay detrás de las cosas?

«Hace unos meses, Amma visitó un hogar en el que la esposa es una buena devota que todavía viene al ashram. La primera vez acudió a Amma porque estaba atravesando un momento muy difícil a causa de su esposo, profesor de Filosofía. Éste, ateo y escéptico, no permitía a su esposa ni a sus hijos rezar o meditar.

Había dado ordenes estrictas de que en su casa no hubiera ninguna representación de dioses o diosas. También había prohibido a su familia leer textos religiosos. Su esposa y sus dos hijas sufrían mucho debido a estas restricciones.

«La primera vez que esta mujer y sus dos hijas vinieron a ver a Amma, el esposo se encontraba de viaje. La mujer y las niñas lloraban mientras contaban a Amma todas las dificultades que estaban atravesando. Durante la ausencia del marido, vinieron varias veces al ashram y su devoción por Amma fue creciendo cada vez más.

«Cuando el esposo volvió, se enteró de que su mujer e hijas habían visitado el ashram. Se puso furioso y, a partir de aquel momento, empezó a controlar todavía más dónde iban y qué hacían. La familia sufrió muchísimo y encontraron serias dificultades para expresar abiertamente su amor y devoción por Amma. Así vivieron, bajo la tiranía del cabeza de familia, hasta que, de repente, le diagnosticaron un cáncer de pulmón. Al poco tiempo, quedó postrado en cama, sin poder comer ni dormir debido al intenso dolor.

«Incapaz de soportar la agonía de su esposo, la mujer vino al ashram y le contó a Amma que este tenía cáncer de pulmón y que su dolor era insoportable. No sabía si contarle a Amma que su esposo había expresado que quería verla. Dudó porque pensaba que Amma nunca iría a ver a alguien tan crítico con la religión y Dios. Así que se sorprendió mucho cuando Amma aceptó visitar al hombre. Amma nunca había albergado ningún mal sentimiento hacia ese hijo. Ella comprendía su naturaleza y no sentía más que amor y compasión por él. Aunque su esposa no hacía más que quejarse, Amma nunca le aconsejó ir en contra de los deseos de su esposo. Por el contrario, le decía: 'Hija, ten paciencia y amor. Sólo tu amor y paciencia pueden cambiarle.' Amma cree que la esposa comprendió y siguió el consejo.

«La felicidad embargó a Amma al ir a ver a este hijo que tanto sufría. Cuando el hombre la vio, se mostró humilde y lleno de remordimiento. Manteniendo las manos de Amma sobre su pecho y, a veces, su cara, lloraba como un niño pequeño. Le debió pedir perdón a Amma por sus pecados más de cien veces. Después de esta visita, se sintió en paz y relajado y siempre llevaba una foto de Amma sobre su pecho. La esposa le contó a Amma que después de verle, el dolor desapareció por completo. Comía y dormía sin problemas y estaba en paz. Todos los días, solía aplicarse la ceniza sagrada de Amma por todo el cuerpo. Con los ojos llenos de lágrimas, rezaba a Amma pidiéndole perdón. Antes de conocer a Amma, tenía un miedo terrible a morir, pero después de verla, se tranquilizó y serenó y la perspectiva de su propia muerte dejó de aterrorizarle. Él todavía vive y, hoy en día, es una persona nueva y un gran devoto de Amma.»

Todo el mundo se quedó en silencio cuando Amma terminó de relatar la historia. Se consideraban muy afortunados por encontrarse ante la compasiva presencia de un *Mahatma*. Los *Mahatmas* son compasivos incluso con aquellos que se opone a ellos o se muestran en desacuerdo. Su compasión va más allá de cualquier diferencia. Por eso, Krishna concedió el estado final de emancipación incluso al cazador cuyas flechas acabaron con el cuerpo del Señor. Por eso, Rama pudo renunciar a su posición y a sus privilegios de rey con una sonrisa y sin sentir ni una pizca de rabia u odio hacia Kaikeyi, quien había dado la orden de desterrar a Rama al bosque durante catorce años. Por eso, Jesús pudo rezar por aquellos que lo crucificaron. Es por esta misma razón por la que Amma visitó al profesor que siempre la había injuriado.

«El Amor es la naturaleza de Amma. Ella no puede ser de otra manera. Así como el egoísmo es nuestra naturaleza actual, la de un *Mahatma* carece de ego. El ego de una persona no puede afectar a un *Mahatma* puesto que ese ego no tiene nada a lo que aferrarse. La ausencia de ego es la nada llena de amor y compasión, llena de la presencia de la divinidad. Por ello, Amma no puede devolver nuestra rabia, odio o malos tratos. Amma sólo puede ofrecer amor y compasión ilimitados. Nuestra rabia, odio y abuso se disuelven y desaparecen en el océano de su compasión. Cuando atacamos a un *Mahatma* con las armas de nuestra rabia y odio, él o ella luchan con las armas del amor y la compasión. Al final, el *Mahatma* nos habrá desarmado y vencido.

«En el caso del profesor de Filosofía, este temía que la muerte le arrebatase la vida. Pensaba que iba a morir. Comprendió con claridad que el intelecto no le valía para nada. A partir de entonces, surgieron un discernimiento e inteligencia reales. En un tiempo, había considerado que su intelecto era grande e invencible. Sin embargo, este intelecto tan invencible resultó inútil cuando vio la muerte de cerca. En ese momento, se sintió derrotado y un hombre derrotado no puede exigir nada. Está a merced de su conquistador; no puede hacer otra cosa que rendirse. Antes de descubrir su enfermedad, estaba lleno de ego, embriagado de sí mismo, intoxicado por su poder y posición. Debía pensar que era grande: '¿Por qué habría de postrarme ante alguien? ¿Cómo puedo yo, un importante profesor de Filosofía, aceptar la existencia de Dios?' 'Yo' y 'mío' eran sus mejores amigos. Después de darse cuenta de que la muerte era inevitable, actuó con humildad. Se postró, derrotado por completo, mientras decía: 'tú, sólo tú puedes salvarme de este desamparo.'

«Una vez que os dais cuenta de que estáis desamparados, deseáis de corazón que alguien os saque de ese estado. Este deseo de escapar de la muerte es extremadamente intenso, el más intenso que jamás hayáis tenido. Es la mayor crisis de vuestra vida.

«En el caso de algunas personas, el intelecto da paso a la inteligencia o discernimiento. El profesor se dio cuenta de su desolación y se arrepintió profundamente de su forma de ser. Deseó de corazón ver a Amma y, por eso, Amma tuvo que ir a verlo.

«Cuando seáis conscientes del desamparo en el que os encontráis, vuestro corazón estará muy abierto y receptivo. Tenéis mucha sed y nada puede saciarla. Todos los órganos de vuestros sentidos, todos los poros de vuestro cuerpo se abrirán del todo para recibir paz y amor. Es una experiencia comparable a la de estar atrapado en el incendio de un bosque. Imagináoslo. Pensad en cómo reaccionaríais. Desearíais escapar del incendio. No os vendrían muchos pensamientos. No os pararíais a recordar los buenos momentos, como el día en que conocisteis a vuestra esposa. En una situación así, el futuro también desaparece. No os detendríais a pensar en los preparativos para la boda de vuestra hija, ni en el cumpleaños de vuestro hijo al mes siguiente. Viviríais sólo el presente porque vuestra vida está en juego. No pensaríais en nada que no fuera la seguridad de vuestra propia vida. Y, en ese momento, por primera vez, estáis bien despiertos. Hasta entonces, dormíais. Os dormíais en recuerdos del pasado o en promesas y sueños futuros. Nunca estabais despiertos al presente. Pero, ante una gran amenaza, debéis permanecer despiertos, al menos por un tiempo, sino, moriréis.

«Cuando dos guerreros luchan, ambos están bien despiertos. Están atentos a cualquier movimiento porque han aprendido a mirar con sutileza. Esta conciencia llega de repente. Al más mínimo parpadeo del contrincante, arremeterán con su espada porque están despiertos y alertas. En el momento del peligro, mueren al pasado y al futuro y viven por entero en el presente. Cuando una gran amenaza nos acecha, nosotros también reaccionamos como los guerreros. Nos rendimos al presente al vernos ante la muerte.

«Hijos, la entrega llega cuando os dais cuenta de vuestra propia indefensión, de que todo lo que proclamáis como vuestro

- intelecto, belleza, encanto, salud y riqueza - no son nada ante la enorme e inminente amenaza de la muerte, que va a arrebataros todo. Y esto es lo que os hace despertar. Os ponéis en guardia. Os dais cuenta de que reclamáis como vuestras, cosas que, en realidad, no os pertenecen. Así pues, abandonaos. Podéis disfrutar de los muchos placeres de la vida, pero deberíais hacerlo con la conciencia de que, en cualquier momento, os los pueden arrebatar. Si vivís la vida con esta conciencia, el paso siguiente es el abandono.

«En una ocasión, un gran emperador se propuso conquistar el mundo. Libró una guerra tras otra, hasta que amasó una gran fortuna saqueando los países a los que se enfrentaba y obligando a la gente a pagar elevados impuestos. Era un dirigente poderoso, pero también cruel y egoísta. Ansioso por conseguir cada vez más, se le consideraba el hombre más rico del mundo. Pero la muerte llama hasta a los ricos y poderosos. En su lecho de muerte, el emperador reflexionó: 'He conseguido este imperio a base de cometer actos horribles, todo por conseguir poder y riqueza. Ahora, la muerte me ronda y no puedo llevarme nada conmigo. Yo, el gran guerrero que se propuso conquistar el mundo entero, no puedo llevarme nada cuando muera. Ante la llamada de la muerte, debo dejarlo todo: riquezas, el esplendor de la corte, la gloria del campo de batalla. Debo partir solo; ni siquiera puedo llevarme una moneda.' A sus cortesanos y ayudantes les dijo: 'Cuando preparéis mi cuerpo para el entierro, aseguraos de que mis manos estén bien extendidas y con las palmas completamente abiertas. De este modo, mis súbditos verán que yo, un gran emperador, el hombre más rico y poderoso del mundo, partí con las manos vacías en mi último viaje.' ¡Qué gran verdad! Quienquiera que seáis, cualquiera que sea vuestra posición, en un abrir y cerrar de ojos, la muerte se lo llevará todo, hasta vuestro cuerpo. Por lo tanto, abandonaos.»

Se hizo un silencio total que duró unos minutos. Poco a poco, los ánimos desembocaron en una conmovedora canción entonada por *Brahmachari* Srikumar, *Kannadachalum.*

Tanto con los ojos abiertos como cerrados,
Veo constantemente a mi Madre.
La Madre abraza a cada uno y todos.
Sus miradas emanan compasión,
Y la corriente de su Amor derrite los corazones.

Mi Madre es un océano de alegría.
Delante de la Madre, tanto el ladrón como el tirano
Son sus hijos bienamados.
Tanto si la adoran como si no,
El amor fluye constantemente de la Madre.

La vida de la Madre,
Como convenía a un descendiente de la gran saga Vyasa,
Ilustra el hecho
De que el Poder del Universo se puede manifestar
En un lugar tan sencillo como una humilde choza.

La lengua puede disfrutar del sabor de la dulzura,
Pero los sentidos no son perfectos.
El Amor de Dios es la dulzura perfecta,
Y esa dulzura se puede saborear a través de la Madre.

La Madre permaneció sentada y con los ojos cerrados mientras duró la canción. Cuando terminó, todos se quedaron en silencio por un tiempo, esperando que la Madre indicase qué vendría a continuación. Amma abrió los ojos y lanzó una sonrisa llena de cariño. Cuando Amma sonríe, es tan agradable y lo abarca todo de tal manera, que todos los presentes sienten que ha mirado en las profundidades de su propio corazón. Puede que un niño crea que el sol sólo brilla para él, siguiéndole donde quiera que vaya, porque, cada vez que mira arriba, el sol está ahí, brillando para él. La sonrisa de la Madre es como el sol, que brilla para todos. Y cada persona, al igual que un niño, siente que sólo le está sonriendo a ella.

El mismo *brahmachari* que había preguntado sobre el intelecto habló de nuevo: «Amma, ¿cuál es la conclusión? ¿Es útil la comprensión intelectual adecuada o no?»

Amma contestó: «El comprender correctamente os ayudará a daros cuenta de que, si no abandonáis el intelecto, no podréis alcanzar el estado de libertad eterna. Entenderéis todo cuando sintáis el peso de vuestro ego, cuando sintáis la pesadez del intelecto. Sólo cuando os sintáis sobrecargados por el ego, podréis empezar a descargarlo. El ego os hace sentir grandes y sólo cuando os encontréis en una situación desesperada, os daréis cuenta de que no sois nada. La muerte es el estado más desamparado de todos. Los grandes egocéntricos y tercos intelectuales fueron conscientes de su desamparo mientras morían. Sólo un buen golpe al ego o una seria amenaza pueden conferir esta comprensión. Y una vez que comprendemos, la obsesión intelectual desaparece y dejáis de ser prisioneros del intelecto y sus razonamientos. Surge, entonces, *Viveka*, que os da mayor claridad de visión. A su vez, esta claridad os ayuda a comprender la naturaleza temporal y transitoria del mundo. Tenéis a vuestra disposición todas las riquezas y posesiones que habéis acumulado. Pero, en un segundo, pueden pasar a ser las de otra persona. Más tarde, irán a otra persona y después a otra. Por lo tanto, no os llenéis de ego pensando que toda esta riqueza es vuestra. La vida es un misterio y no comprenderéis a menos que os abandonáis, pues vuestro intelecto no es capaz de captar finitamente poderoso. El aferraros al Poder Supremo os conduce a la fe y al abandono. El discernimiento adecuado, que surge de una comprensión adecuada, os ayudará a desarrollar la fe y el amor. Por medio de la fe, llega el abandono, y a través de este se puede alcanzar el estado de Auto-Realización.

«Sólo el daros cuenta de que no sabéis nada puede ayudaros de verdad a crecer internamente. Una persona que sabe esto es realmente sabia. La grandeza reside en la humildad, no en proclamar que se es grande.

«En una ocasión, el oráculo de una ciudad declaró que cierto *Mahatma* era el hombre más sabio de aquella ciudad. Cuando le hicieron saber esta noticia al propio *Mahatma*, este se rió y dijo: 'Debe haber un error. Yo no sé nada. De hecho, lo único que sé es que no sé nada, que soy un ignorante.' El perplejo mensajero regresó hasta el oráculo y le contó lo que el *Mahatma* había dicho. 'Por eso se le considera el hombre más sabio de la ciudad,' explicó el oráculo. 'Aquellos que afirman ser sabios y eruditos son unos necios.'»

Sin previo aviso, el humor de Amma pasó de repente a ser el de una niña juguetona e inocente. Se levantó y cogió una naranja de una gran bolsa de fruta que uno de los devotos había ofrecido. Colocando la naranja sobre su cabeza y tarareando una canción, Amma empezó a bailar como una niña pequeña. Después, se la puso en la frente y la sostuvo así mientras seguía bailando.

Al rato, Amma comenzó a cantar y todos se unieron a ella, *Chilanka Ketti*.

Oh, El de ojos de loto,
¡Átate los botines y ven corriendo!
¡Ven bailando!

Hemos venido
En busca de tus suaves Pies,
Y estamos cantando tu nombre divino.

Oh, Hijo de Devaki,
La propia Vida de Radha,
Oh, Kesava, Hare, Madhava,
Oh, Asesino de Putana,
Destructor de pecados,
Hijo de Gokula, ¡ven corriendo!
Oh, Pastorcillo de vacas, ¡ven bailando!

Oh, Asesino de Kamsa,
Tú, que bailaste sobre la serpiente Kaliya,
Oh, Kesava, Hare, Madhava,
Amoroso con aquellos
Que buscan refugio en ti.
Protector de los que están en peligro,
Oh, Personificación del OM,
¡Ven corriendo!
Oh, Melodía de Felicidad,
¡Ven bailando!

Para delicia de todos, Amma siguió bailando. Su inocente sonrisa y sus brillantes ojos le daban el aspecto de una niña divina, la personificación de la pureza. Al contemplarla, los demás desearon ser tan inocentes como niños; ellos también querían bailar y jugar. La inocencia de Amma era tan poderosa y cautivadora que todo el mundo se sentía henchido de amor.

Al cabo de un tiempo, Amma dejó de bailar. Después, con la inocencia de una niña, cogió un puñado de arena e hizo una bola. Al momento, empezó a caminar, manteniendo sobre la frente la pelota de arena mojada. Echó la cabeza hacia atrás, intentando que la pelota no se cayese. Siguió jugando así hasta que, al final, la pelota se cayó al suelo. Igual que una niña desamparada, Amma exclamó: «¡Oh no, se ha roto!», mientras en su cara se dibujaba una expresión de decepción.

El contratiempo con la pelota de arena y la divertida e infantil mirada de Amma, provocaron una pequeña carcajada entre los *brahmacharis*. Al ver que todos se reían, la cara de Amma cambió. Ahora, parecía un poco enfadada. Pero hasta el enfado de un niño posee cierta belleza. Acto seguido, con la velocidad del rayo, Amma cogió arena del suelo, la arrojó a los *brahmacharis* y se alejó caminando.

Como Amma tiene el aspecto de una muchacha normal y corriente de la aldea, al principio, puede que alguien se maraville de ver cómo la Madre puede transformarse, tan de repente, en una niña. Pero si se mira un poco más adentro, no es difícil ver la verdad. ¿Cómo no van a ser naturales varios estados de ánimo en alguien que es Una con la Infinitud. Ponerse varias máscaras es un juego maravilloso para un gran ser como Amma. Pero es un juego divino y sólo lo puede jugar aquel que sea capaz de deshacerse o cambiar de máscara una vez que ésta ha servido a su propósito. No hay apego a la máscara.

Hay un número infinito de máscaras que Amma puede llevar. A veces, lleva la máscara de un Gran Maestro que habla de las profundas verdades de la vida. En otras ocasiones, es la Madre más amorosa y compasiva de todas. Y, en otros momentos, impone orden y disciplina. A veces, se la puede ver desempeñando el papel de una gran administradora que supervisa hasta el más mínimo detalle de la institución espiritual que dirige. Y hay ocasiones, como la que acabamos de describir, en la que se puede contemplar a Amma como una niña inocente. Sin embargo, la verdad es que ella está mucho más allá de todo esto y cualquier estado y lila es posible porque Amma es el Más Allá.

Capítulo 9

Un estado trascendente

Sábado, 30 de junio de 1984

Pronto Amma iba a cumplir 32 años y todo el ashram se preparaba para ese día. Los devotos y los residentes trabajaban codo con codo limpiando las instalaciones, llenando de arena ciertos lugares, despejando los caminos de materiales de construcción y dando una mano de pintura a los edificios y al templo. *Brahmachari* Balu había preparado una representación especial para el día señalado. Quería contar la vida de un *Mahatma* intercalando canciones en la narración. Este género, famoso en los templos de Kerala, se conoce como *Harikatha* y en él se recoge la historia del Señor. El plan original de Balu era el de narrar la vida de Amma de esta manera, pero a ella no le pareció bien. «No mientras Amma esté viva,» había dicho. Así, que él eligió la vida de otro *Mahatma*. Sin embargo, antes de representarla ante el público, Balu deseaba que Amma aprobara y bendijera el proyecto.

Pronto surgió la oportunidad. Amma, Balu, Rao, Srikumar, Venu y Pai se encontraban en la habitación de Amma, que está encima de la sala de meditación. Amma se sentó en su cama y los demás, en el suelo, agrupados a su alrededor. Amma dijo que deseaba escuchar la historia. Srikumar preparó el harmonio y Venu dispuso su *tablas*. Balu comenzó y Amma escuchó con entusiasmo el relato y las canciones. A veces, sugería algunos cambios aquí y allá. Otras, Amma percibía que el diálogo no era muy efectivo y pedía a Balu que modificara una oración o algunas palabras o que reemplazara una canción por otra. Y otras veces, hasta se ponía a cantar.

En un momento dado, Balu estaba describiendo el intenso deseo del *Mahatma* de realizar a Dios, representando el insoportable dolor por la separación de su amada deidad en la siguiente canción, *Kera vrikshannale.*

Oh, árboles y plantas trepadoras,
¿Habéis visto a mi Madre?
Oh, resplandecientes estrellas,
¿Dónde se ha ido mi Madre?
Oh, pájaros de la noche que cantáis en los árboles,
¿Ha pasado mi Madre por aquí?
Oh, Señora Noche,
¿Dónde puedo encontrar a mi Madre?

Estoy vagando por todas las playas,
Llorando y buscando a mi Madre.
Oh, Amada Madre,
Pediré a cada partícula de arena
Que me diga dónde estás.

Al escuchar estos versos y la descripción del intenso anhelo y de la angustia de la separación, Amma entró en un profundo estado de *samadhi.* Al principio y en silencio, lloró de felicidad y, después, de repente, empezó a reírse llena de alegría. Al cabo de un rato, todavía en éxtasis, Amma comenzó a rodar muy rápido sobre el suelo, como una rueca. Mientras rodaba, seguía riéndose. Al principio, los *brahmacharis* observaban estupefactos y con admiración pero, cuando al cabo de unos minutos Amma no parecía salir de su éxtasis, empezaron a preocuparse. No era la primera vez que veían a Amma en este estado y, en el pasado, ella misma les había instruido para que cantasen *bhajans* con el propósito de volver al plano normal de consciencia en caso de que permaneciera en *samadhi* mucho tiempo. Y así, agrupándose en un rincón de la pequeña habitación de Amma, los cinco *brahmacharis* comenzaron a cantar quedamente *Nirvanashatkam (Manobuddhya)*.

Yo no soy mente, ni intelecto, ni ego o memoria,
Yo no soy el sentido del gusto
Ni los del oído, olfato y vista,
Yo no soy tierra, ni agua, ni aire o éter.
Yo soy Conciencia Pura y Feliz.
Yo soy Shiva.
Yo soy Shiva

Yo no soy acciones malas ni buenas,
No soy placer ni dolor.
Yo no soy el mantra, ni un lugar sagrado,
Ni los Vedas ni el sacrificio.
Yo no soy el acto de comer, ni el comensal ni la comida.
Yo soy Conciencia Pura y Feliz.
Yo soy Shiva.
Yo soy Shiva

No tengo nacimiento ni muerte,
Ni tengo miedo a nada.
Yo no hago distinciones de casta.
Yo no tengo madre ni padre,
Parientes o amigos.
Yo no tengo gurú
Ni tampoco discípulos.
Yo soy Conciencia Pura y Feliz.
Yo soy Shiva.
Yo soy Shiva

Yo no tengo forma
Ni movimientos mentales.

Yo soy el omnipresente.
Yo existo en todas partes,
Y, sin embargo, estoy más allá de los sentidos.
Yo no soy la salvación
Ni nada que se pueda conocer.
Yo soy Conciencia Pura y Feliz.
Yo soy Shiva.
Yo soy Shiva

En este estado de total comunión con Dios, Amma siguió dando vueltas y riéndose durante diez o quince minutos. Por fin, se levantó del suelo y comenzó a moverse por toda la habitación como si estuviera borracha. Se tropezaba, caminando con paso vacilante, mientras reía de felicidad. Sus dedos se mantenían en idéntica posición divina de *mudras* y su rostro brillaba, emitiendo un penetrante resplandor. Varias veces, Amma estuvo a punto de golpearse la cabeza o el cuerpo contra la pared o el suelo, pero los *brahmacharis*, pendientes de ella en todo momento, evitaron que se hiciera daño de alguna manera. A veces, Amma permanecía un rato en un lugar concreto y se balanceaba con suavidad de un lado a otro, gozando en su propio mundo, un mundo al que nadie más tenía acceso. Al cabo de un tiempo, Amma se tumbó en el suelo y se quedó quieta. Los *brahmacharis* siguieron cantando hasta que, finalmente, Amma descendió de su exaltación.

Satya y dharma

Verdad y Rectitud

Por la tarde, Amma estaba sentada delante de la cabaña de Nealu y hablaba con unos cuantos devotos que acababan de llegar. Uno de ellos le preguntó: «Amma, ¿es posible seguir los ejemplos que pusieron los grandes devotos y santos en las magníficas epopeyas de la antigüedad en la actualidad? Lo que relatan esas historias debe haber ocurrido hace miles de años, cuando se practicaba con toda naturalidad *satya* (verdad), *dharma* (rectitud) y el amor por Dios. Como la gente ya no le da demasiada importancia a la verdad ni a la rectitud, ¿siguen siendo válidos esos ejemplos en la actualidad?»

Amma respondió: «Hijo, una mente que duda es un gran obstáculo para la práctica de las verdades espirituales. Nunca aprendemos a creer. Sólo aprendemos a dudar. Esta es la mayor maldición a la que se enfrenta la humanidad en estos días. Es cierto que hace tiempo *satya* y *dharma* ocupaban un lugar más predominante que ahora, y ello propiciaba las prácticas espirituales y la devoción. Pero *satya* y *dharma* son imperecederos, son indestructibles y por ello, todavía existen. La diferencia es que en el pasado la gente practicaba estos ideales y en la actualidad, no. Sin embargo, el hecho de que hoy en día al menos unas cuantas almas practiquen *satya* y *dharma* ayuda a sostener el mundo entero.

«Hijo, preguntas si todavía esto se puede aplicar en la sociedad moderna. Todavía, hay mucha gente que practica los principios de *satya* y *dharma* y, aunque sean una minoría, no puedes negar que existen.

«Mira a los niños del ashram. Todos son muy jóvenes y muy bien educados. La mayoría provienen de familias adineradas y tuvieron el valor de renunciar a su anterior forma de vida para abrazar otra completamente distinta. Como todos los jóvenes de hoy en día, llevaban vidas normales pero, una vez que comprendieron que la espiritualidad es la verdad más elevada, renunciaron a todo sin temor alguno. Su intenso amor por Amma y su deseo de realizar a Dios les permitió hacer esto. Su amor por el sendero de la espiritualidad les dio el valor y se llevó su miedo. Sus familias, vecinos y amigos, incluso, en ocasiones, todo su pueblo, les criticaron y maltrataron. La gente pensaba que estaban locos al ver una actitud tan poco frecuente. Les insultaban y se metían con ellos en público. Sin embargo, fueron capaces de rechazar fácilmente todas las burlas y nunca les afectaron los insultos ni las palabras mezquinas. Su amor y devoción les hizo valientes y, con toda tranquilidad, pudieron explicar a sus padres que iban a abrazar el camino de la espiritualidad sin importarles qué ocurriera.

«Sus familias intentaron que regresaran a la vida mundana de placer y diversión que la mayoría de las personas ve normal. Pero una persona indulgente no tiene equilibrio mental; en realidad, no es normal, mientras que un buscador espiritual está equilibrado y por ello, es 'normal'. Algunas familias pensaron que esta muchacha loca había hipnotizado a sus hijos o les había encantado. Otras hicieron ceremonias para eliminar lo que consideraban un poder maligno. Dieron a sus hijos comida que contenía un antídoto y que los muchachos comieron sin ningún miedo. Algunas familias incluso los llevaron a psiquiatras para tratarles de enfermedades mentales. Por propia voluntad, estos muchachos se entregaron a todo con la fe plena de que nada malo les ocurriría y de que Amma les protegería de cualquier daño. Su fe les salvó. No tenían miedo ni de la muerte. Estaban locos de amor por Amma y por Dios y querían practicar en sus vidas los principios de la espiritualidad.

«Una noche, un grupo de jóvenes hostiles rodearon a Balu cuando salía del ashram después de *Krishna Bhava*. Estaba oscuro y, de repente, los jóvenes, que habían permanecido escondidos, le rodearon. Estos camorristas, que vivían en el pueblo, se oponían con firmeza a Amma y a sus devotos. Primero, le dijeron a Balu que debían dejar de cantar *bhajans* en el ashram. Después, que debía dejar de ir al ashram. Algunos incluso querían pegarle. Se envalentonaban los unos con los otros diciendo: '¿Por qué perdemos el tiempo hablando con este bribón? ¿Creéis que merece un tratamiento especial? ¡Démosle una paliza!' Siguieron metiéndose con él, dirigiéndole palabras duras y crueles. Pero Balu permaneció en silencio; no tenía miedo. Podía haber echado a correr o podía haber gritado pidiendo ayuda, puesto que estaba al lado del ashram y seguramente los devotos habrían acudido a socorrerle. Sin embargo, se quedó donde estaba, callado y tranquilo. «Todos los intentos y amenazas para provocarle y asustarle fracasaron. Al final, uno de los rufianes dijo que iban a dejar que se fuera, pero que si le volvían a ver en el pueblo, lo matarían y arrojarían su cuerpo al río. Ni siquiera esta amenaza conmovió o asustó a Balu. Con frialdad y una sonrisa, les dijo que no tenía miedo. 'Amma me ha enseñado que el *Atman* no puede morir,' dijo. 'Tengo fe en ella. Me he entregado a ella y nadie puede evitar que venga aquí o que le cante a Amma. Si queréis darme una paliza o matarme, hacedlo ahora. No os lo impediré.' Una vez dicho esto, Balu cerró los ojos y se cruzó de brazos. Esperaba que todos juntos se le echaran encima como una jauría de perros salvajes. Sin embargo, no ocurrió nada. Cuando abrió los ojos, vio que los camorristas se habían ido. ¿De dónde sacó Balu su coraje? De su amor y devoción. ¿No estaba siguiendo el camino de los grandes devotos y santos de antaño?

«Rao también pasó por momentos muy difíciles. Su familia se oponía a muerte a su vida espiritual y le habían causado muchos problemas. Incluso, lo internaron en un psiquiátrico donde recibió tratamiento de shock durante diez días. ¡Pensad en el peligro que supone someter a una persona que no tiene ninguna enfermedad mental a un tratamiento de este tipo! Habría podido dañarle gravemente el cerebro. Pero Rao no tuvo miedo y les dejó hacer lo que quisieron, puesto que tenía total fe en que Amma le protegería. El tratamiento no le causó ningún daño.

«Incluso hoy, ocurren incidentes parecidos en las vidas de las personas y, sin embargo, todavía dudáis si la práctica espiritual es posible en la actualidad. ¿Por qué no debería ser posible? Dejad de dudar y aprender a creer, entonces veréis que es posible.

«Hijos, la práctica espiritual sólo es posible mediante el conocimiento de que el *Atman*, el Ser, no puede ser dañado ni destruido. Sólo el conocimiento del Ser se llevará todos vuestros miedos. El cuerpo debe morir, porque todo lo que nace muere. Pero el *Atman* nunca nació, siempre estuvo ahí; está y siempre estará. No hay nada más que el *Atman*, el Ser. Por lo tanto, no puede ser destruido. Este conocimiento puede liberar por completo a una persona de las garras de la muerte y de todo el miedo que esto conlleva. Un *Mahatma* es la consciencia personificada. Tener fe en un *Mahatma* equivale, por lo tanto, a tener fe en el infinito poder del Ser.

«Estos muchachos no eran almas realizadas, pero su fe y amor los libraron de todo miedo. Sólo una persona sin miedo, llena de confianza en Dios, es capaz de renunciar a todo, como ellos han hecho. Todos nuestros apegos surgen del miedo. Cuando empecéis a penetrar en las apariencias, veréis que los seres humanos viven con un miedo constante. El miedo nos hace aferrarnos a las cosas. El miedo por nuestra seguridad nos abruma constantemente. Si no tenemos dinero, nos entra el miedo. Si nuestra esposa nos abandona, sentimos miedo. Si no encontramos un trabajo, nos asalta el miedo. De igual forma, si perdemos algo- dinero, nuestra casa o nuestro trabajo - tenemos miedo. Nos sentimos seguros cuando estamos apegados a algo o si tenemos algo entre manos. El apego nos ayuda, temporalmente, a olvidar el miedo; pero el miedo permanece en lo más profundo de nuestro interior.

«Las personas y objetos a los que estamos apegados deben dejarnos un día, no pueden estar con nosotros para siempre. A su debido tiempo, desaparecerán de nuestras vidas. Nuestra esposa y nuestros hijos, nuestra casa y nuestro coche, todo aquello a lo que estemos apegados cambiará o desaparecerá. Y cuando todas las cosas y personas hayan desaparecido, la angustia y el miedo nos invadirán de nuevo. Así será hasta que nos entreguemos a

Dios y desarrollemos la fe en la naturaleza eterna de nuestro verdadero Ser.

«Hijos, incluso hoy en día, son posibles la devoción a Dios y la fe en el *Atman*. Todas las desgracias y problemas que existen en el mundo se deben, únicamente, a la falta de fe y devoción, a la falta de amor. Una vez que hemos perdido la fe en una Autoridad Suprema o Dios, ya no puede haber ni armonía ni paz en la sociedad. La gente actuará y vivirá como desee. La moral y la ética desaparecerán de la faz de la tierra. Las personas se sentirán tentadas a vivir como animales. La vida sin fe, amor, paciencia y perdón es infernal. 'Más comodidad, más comodidad', este será el objetivo de la vida. El egoísmo y la avaricia dominarán a muchos, destruyendo su humanidad.

«Hijos, el mundo actual ya es casi así. Hay una necesidad imperiosa de que las personas realicen prácticas espirituales. Es la única manera de salvar el mundo y a la raza humana de la destrucción. La duda destruirá todas nuestras buenas tendencias. Dejad a un lado las dudas e invocad la ayuda del Señor Supremo. Rezad, meditad y realizad otras prácticas espirituales. Cada uno tiene la responsabilidad de salvar la humanidad. Vosotros también tenéis un papel que jugar. Al realizar vuestra tarea con total sinceridad y amor, estáis ayudando a vuestro propio Ser; estáis salvando vuestra propia vida, lo cual, a su vez, también ayudará a la sociedad.»

Todo el mundo escuchó profundamente las conmovedoras palabras de Amma. Cuando ella dejó de hablar, su público permaneció en silencio y pareció que toda la Naturaleza se había quedado quieta. Los silencios entre discurso y discurso de Amma siempre creaban un ambiente lleno de inspiración. A veces, Amma se alejaba de lo que la rodeaba y se sentaba profundamente absorta en su propio Ser. Esto aumentaba el poder de esos momentos de silencio, realzando la presencia de la Divinidad que ya llenaba el aire. Como para elevar el estado de meditación, Amma pidió a los *brahmacharis* que cantasen *Kodanukodi*.

Oh, Verdad Eterna
Durante millones de años
La humanidad te ha estado buscando.

Los sabios de la antigüedad renunciaron a todo,
Y para que el Ser fluyera
Por medio de la meditación
En tu Divino Arroyo,
Pasaron interminables años de austeridades.

Tu Llama infinitesimal,
Inaccesible para todos,
Brilla como el resplandor del sol.
Se queda perfectamente quieta, sin moverse un ápice,
Cuando sopla el fiero viento de un ciclón.

Las flores y las enredaderas,
Las capillas y los templos
Con sus columnas sagradas recién instaladas
Llevan eones esperándote
Y todavía tú permaneces inalcanzablemente distante.

Temor de Dios

Poco después de que la canción finalizase, otro devoto preguntó: «Cuando Amma ha explicado que un verdadero devoto no tiene miedo y por ello se le reconoce como tal, ¿se trataba sólo de alguien que ha dedicado su vida entera a buscar a Dios? ¿Qué ocurre con un devoto normal? ¿Es conveniente que algunos devotos sientan cierto temor, por ejemplo temor a Dios?»

Amma comenzó a decir: «Hijos, el miedo sólo desaparece por completo cuando el amor está presente en toda su plenitud. Este tipo de amor sólo se encuentra en un devoto que se ha entregado sin reservas a Dios. Un devoto así vive en amor; se ha ahogado en el océano del amor. Está completamente consumido por el Amor Divino y ha perdido su existencia individual, pues se ha fundido con la totalidad del amor. Él se convierte en amor. Él pasa a ser una ofrenda a su Señor. Como una gota de agua que cae al mar y se funde en su inmensidad, el devoto se sumerge en el océano de la felicidad a medida que se ofrece a la existencia. En ese estado, todo miedo, toda preocupación, todo apego y dolor desaparecen.

«A veces, el temor surge al comprender la naturaleza omnipotente, omnipresente y omnisciente del Señor. Él es el Emperador del Universo. Él es el que decide y otorga el fruto de cualquier acción. Cuando pensamos y creemos que el Señor es todo esto, surgen, naturalmente, el miedo y la reverencia. Ese miedo y reverencia nos ayudan a abstenernos de cometer errores.

«Arjuna siempre consideró que el Señor Krishna era su amigo cercano, su cuñado y un buen consejero. Por ello, solía llamarle informalmente 'Madhava', 'Kesava' y 'Yadava', algunos de los nombres de Krishna. Sin embargo, cuando Arjuna contempló la forma universal del Señor, la *Vishwarupa*, se asustó y quedó sorprendido. En esa forma, Arjuna contempló todo el universo: su principio, estado medio y la disolución final. Vio a todos los dioses y diosas en la asombrosa forma del Señor. Incluso llegó a ver los ejércitos Pandava y Kaurava que existían dentro del Señor. Arjuna vio grandes guerreros como Bhisma, Drona y Karna luchando con la muerte, atrapados en las poderosas mandíbulas del Señor. Entonces, Arjuna vio a Dios como la Autoridad Suprema y por ello le llamó *Visweswara*, Señor del Universo.

«La mayoría de las personas protegen sus posesiones y riquezas. Creen en Dios, pero no desean perder lo que han acumulado.

Quieren honor, estatus y posición. En otras palabras, no están dispuestos a entregar sus egos. Esta clase de devotos creen que Dios puede ayudarles a prosperar materialmente y, una vez que han alcanzado la prosperidad, creen que Dios protegerá sus riquezas. Piensan que si Dios se enfada, destruirá sus riquezas y posesiones, o que les arrebatará todo. Creen que si Dios se enfurece, invocará todas las fuerzas de la Naturaleza, tormentas, inundaciones, sequías y terremotos para destruir todo lo que tienen. Por lo tanto, adoran a Dios por miedo. Piensan que pueden apaciguarle con oraciones y ofrendas y se abstienen de cosas que, en su opinión, le disgustarían. Realizarán actos piadosos y ayudarán a los demás de distintas maneras. Es posible que construyan un templo o una iglesia o un orfanato. Todo esto para complacer a Dios, de modo que ellos también se beneficiarán. Sin embargo, este tipo de reverencia y miedo a Dios es bueno. Al menos, contribuye a que la gente sea buena y piadosa. Aunque no desean entregarse por completo a Dios y a pesar de no querer entregar sus egos, sus apegos, estas personas son bastante mejores que los que no realizan ninguna práctica espiritual en absoluto.

«Un verdadero devoto se entrega por completo a Dios. Ansía que Dios destruya su ego. El mayor temor de un verdadero buscador es no ser capaz de entregarse a Dios o que Dios no destruya su ego. Mirad la feroz forma de Kali. Kali es la destructora del ego. Como un verdadero buscador espiritual quiere liberarse de su ego, amará este aspecto de la Madre Divina. Al entregarse a Kali o a lo que ella representa, un verdadero devoto le ofrecerá su cabeza con alegría para añadir una cuenta más a la guirnalda de Kali, que está hecha de calaveras.

«Por otro lado, un devoto que sigue apegado todavía a sus posesiones y riquezas, al honor y a la posición, temerá profundamente este aspecto de la Divina. No guardará ninguna representación suya en su casa ni en la habitación de la *puja*. Teme que

Kali destruya todo lo que él aprecia. Piensa que ella aniquilará su ego y que sin este, él no puede existir. Un devoto normal quiere conservar su ego, mientras que un devoto verdadero desea morir a su ego para poder vivir en la conciencia o en el amor puro e inocente. Un verdadero devoto deja de alimentar al ego y no escucha al intelecto, sólo a su corazón. La verdadera muerte es dejar morir al ego, porque esa muerte os hace inmortales. Cuando el ego muere, alcanzáis la eterna felicidad.

«Amma conoce una historia. En una ocasión, un devoto estaba a punto de ir a ver a su maestro espiritual. Antes de salir de su casa, pensó: 'Debo ofrecer algo a mi gurú. Voy a coger unas flores.' Pero justo cuando estaba a punto de irse, se le ocurrió que tal vez las flores no eran una buena ofrenda. Así que, por si acaso, cogió unos diamantes, pensando que, si fuera necesario, también se los podría ofrecer al gurú. El devoto llegó al lugar donde su maestro estaba dando *darshan* al público. Se acercó hasta él y, cuando iba a dejar las flores a los pies de su maestro, oyó que este le decía: 'Déjala.' El devoto dejó las flores. 'Debe querer los diamantes,' pensó. Pero cuando intentó ofrecérselos, el maestro volvió a repetir: 'Déjala.' Confundido, el devoto bajó la cabeza dispuesto a postrarse ante el maestro antes de irse. De nuevo, escuchó a su maestro decir: 'Déjala.' Perplejo, miró a la cara de su gurú, quien, sonriendo, le replicó: 'Sí, a menos que dejes tu cabeza, el ego, no podrás realizar al Ser.'»

«¿Es esto lo que significa postrarse?» preguntó un *brahma-chari*.

«Sí,» dijo Amma, «la postración simboliza abandonarse. La postración física sólo adquiere significado cuando entregáis vuestro ego a los pies del gurú o de Dios. Cuando os postráis, estáis invitando al Gurú o a Dios a que pisoteen vuestro ego. Ellos no lo hacen con un devoto normal. Pero no tendrán piedad con un verdadero buscador. Si todavía teméis perder vuestra seguridad y comodidad, si todavía perseguís honor, estatus y posición, tanto el gurú como Dios esperarán. Pero llegará el día en el que no temeréis por vuestra seguridad mundana y os entregaréis por completo al gurú o a Dios. Hasta que os deis cuenta de que estáis desamparados, que vuestro ego no puede salvaros y que todo lo que habéis adquirido no vale nada, tanto el gurú como Dios seguirán creando las circunstancias necesarias para que realicéis esta verdad. Cuando esto ocurra, os entregaréis y soltaréis todo miedo, permitiendo al gurú o a Dios bailar sobre vuestro ego mientras os postráis humildemente a sus Pies. Es entonces cuando os convertiréis en verdaderos devotos. Este es el significado real de la postración.

«La postración física que ahora realizamos tiene como objetivo conducirnos a ese estado mental. Una vez alcanzado, toda vuestra vida se convierte en una postración continua ante vuestro gurú o ante vuestro Señor. Toda la raza humana, todos los seres vivos, toda la creación están avanzando hacia ese estado. No importa si os resistís o no. Debe ocurrir un día, antes o después, en esta vida o en la siguiente, llegará vuestro turno. Hasta entonces, podéis esperar; podéis vivir como gustéis.

«Aunque es posible que Dios no esté visible para vosotros ahora, Él siempre está ahí, guiándoos y controlándoos, sujetando las riendas de vuestra vida. Para empezar, Dios os deja las riendas largas y vosotros no os dais cuenta de que es Él quien está al mando en realidad. Pero recordad que todo está en las manos de Dios. No sois conscientes de ello, pero a medida que avanzáis por la vida, Dios va acortando las riendas poco a poco. Al final, un día os percataréis de que no podéis moveros ni un centímetro más. Entonces, cuando os encontréis desamparados, sentiréis que Dios está tirando de vuestras riendas mientras comienza a atraeros hacia Él. Es posible que al principio os resistáis, pero pronto os daréis cuenta de que se trata de un poder sobrenatural y de que no tenéis más alternativa que rendiros a su tirón. Es en ese punto cuando emprenderéis vuestro camino de regreso a Dios, la Fuente de vuestra existencia. Este viaje tiene que suceder. Inevitablemente, os daréis cuenta de que no podéis hacer otra cosa que avanzar hacia Dios.

«Si Dios quiere, puede tirar de las riendas en cualquier momento. Él piensa: 'Este hijo mío no está preparado todavía. Dejémosle jugar un poco más. Ya se cansará y entonces volverá.' Así que estad alerta y vigilantes porque estáis bajo su atenta mirada en todo momento. No podéis huir de Dios. Dondequiera que vayáis, hagáis lo que hagáis, Él siempre está ahí, vigilando a sus hijos. Todo lo que hacéis es con su consentimiento, porque Él os permite hacerlo, os permite jugar. Pero el terreno de juego es limitado. No penséis que podéis jugar donde queráis.

«En algunas ocasiones, es posible que os salgáis de los límites permitidos y que os aventuréis allí donde no debéis. Puede parecer que Dios no se ha dado cuenta, pero está fingiendo. Dios lo ve y oye todo. Llegado este momento, Él piensa: 'Mi hijo puede ser muy travieso,' y permite que sigáis jugando. Sin embargo, os recuerda que no podéis seguir jugando toda la vida y os pone en situaciones difíciles u os somete a experiencias dolorosas. Después de una de ellas, os portáis bien y durante un tiempo, obedecéis y estáis en calma. Pero vuestro buen comportamiento dura poco y pronto volvéis a hacer travesuras. Entonces, Dios piensa: 'Necesita una experiencia aún más dolorosa, una lección más fuerte que la anterior.' Así que Dios os deja jugar un poco más, pero pronto os enviará otra situación difícil a la que deberéis enfrentaros.

«Las lecciones que se aprenden de estas experiencias tienen un gran impacto en vuestra conciencia y provocan un gran cambio en vosotros. Cada vez que atravesáis una experiencia dolorosa, el efecto de la lección dura más tiempo. Pero, cada vez, regresáis al terreno prohibido y volvéis a comportaros como antes. Al final,

Dios piensa: 'Esto ya es demasiado, le he advertido varias veces. Lo que necesita es un buen susto.' Así que Dios os envía una experiencia terrible que, de una vez por todas, pone punto final a vuestro juego y os hundís sin poderlo remediar. Esta experiencia golpea vuestro ego y lo hace añicos.

«Para algunas personas, es hora de revelaciones. Otras quedan sumidas en la decepción y frustración. Es posible que pierdan todo interés por la vida. Su agonía mental puede ser tan grande que les lleve a suicidarse a menos que una persona dotada de sabiduría les ayude a ver el mensaje divino que se esconde en tan dolorosa experiencia. Si no reciben la ayuda adecuada de un verdadero Maestro, pueden hundirse por completo. Sin embargo, si son capaces de abrir los ojos gracias a las bendiciones de un *Satguru*, verán con total claridad la futilidad de su ego y cómo este les ha engañado. Es en ese momento en el que sienten que Dios tira de ellos y oyen su llamada. Se despiertan y, por primera vez, se sienten realmente vivos. La aniquilación del ego puede suceder en cualquier momento, en esta vida o en la siguiente. A algunas personas les ocurre antes. Otras, debido a su inmadurez, y con el consentimiento de Dios, siguen jugando un poco más. En todo momento, cada uno de nosotros está bajo la atenta mirada de Dios. Él no nos pierde de vista.

«En una ocasión, un maestro espiritual dio una gallina a cada uno de sus dos discípulos diciéndoles: 'Llevadlas a un lugar donde las podáis matar sin que nadie os vea.' El primer discípulo salió y, escondiéndose tras un matorral, miró a su alrededor para asegurarse de que nadie le vigilaba. Entonces, mató la gallina y se la llevó directamente a su maestro. El segundo discípulo no volvió hasta el atardecer. Estaba cansado y receloso y en los brazos llevaba la gallina, todavía viva. Cabizbajo, entregó el animal a su maestro diciéndole: 'Adorado Maestro, aunque lo intenté una y otra vez, no encontré un solo lugar en el que nadie me viera ya

que, dondequiera que fuera, la gallina siempre me estaba mirando.'
De la misma manera, hijos, vayáis donde vayáis y hagáis lo que
hagáis, estáis bajo los atentos ojos de vuestro gurú o de Dios.»

En este momento, Amma pidió a los *brahmacharis* que cantasen *Ellam ariyunna* (El omnisciente).

No es necesario decir nada
Al omnisciente Krishna.
Él ve y entiende todo
Mientras camina a nuestro lado.

El Ser Primordial
Ve cada pensamiento en el Ser más profundo.
Es imposible que alguien
Haga algo sin Él.

El Señor Primordial habita dentro de nosotros.
Todos deberíamos adorar con alegría
Esta Encarnación de Verdad y Conciencia.

Capítulo 10

No os comparéis con los demás

Martes, 1 de octubre de 1984

Un devoto recién llegado al ashram, comenzó a explicar a todos los presentes cómo había recibido el *darshan* de Amma en forma de Krishna. Mientras contaba la historia, se le veía visiblemente emocionado: «Hace una semana, dormía en mi habitación cuando, de repente, una intensa luz y una extraordinaria fragancia que llenaban la habitación me despertaron. Me levanté y me senté sobre la cama. La luz que inundaba el dormitorio brillaba tanto como el sol, aunque era tan hermosa y fresca como la luz de la luna. Bañado en su resplandor, mi cuerpo adquirió tal ligereza que sentí cómo perdía la conciencia corporal. De repente, el ambiente cambió. Al igual que el agua que brota de una presa, una paz y felicidad supremas llenaron el aire. Eran tan tangibles y penetrantes que inundaron todo mi ser. Instantes después, la divina luz que había colmado la habitación pareció agruparse y se concentró en un único punto. Cuando miré a este resplandor, vi la hermosa y encantadora forma del Señor Krishna.»

El devoto apenas podía contener su emoción. Con los ojos llenos de lágrimas, exclamó: «¡Era mi Señor! Pero, al mismo tiempo, también era mi Amma. Su rostro era el de Amma. Todo fue como Amma en *Krishna Bhava*, la misma sonrisa, la misma mirada, los mismos ojos, todo era idéntico. El Señor se me acercó. Tenía un cuenco en las manos. Krishna me dio de comer mantequilla y *panchamritam* y también puso un poco de cada alimento en mis manos. El Señor me dio una hoja de *tulasi* y después me miró a los ojos, colocando su mano derecha en mi cabeza. Mientras

208

contemplaba su divina forma y encantadora sonrisa, el Señor se desvaneció.

«A la mañana siguiente, cuando me desperté, estaba tumbado en el suelo. Me encontraba en lo que sólo puedo describir como un estado semiconsciente. La felicidad me embriagaba todavía y empecé a llorar, hasta darme cuenta de que llamaba al Señor y a Amma. Debí de tardar dos horas en despertarme del todo. Cuando recobré el estado de conciencia normal, intenté recapitular lo que había ocurrido pero, aún, no me podía creer que el Señor hubiera venido a visitarme. Para convencerme, me olí las manos. No cabía duda de que tenían el olor de la mantequilla y la dulce fragancia de *panchamritam*. Era un olor maravilloso que permaneció tres días en mis manos. También mi boca conservaba su sabor. Para mayor sorpresa, encontré una hoja de *tulasi* en la cama. Permanecí en un estado de felicidad más de una semana y mi corazón estuvo lleno de amor divino.»

De nuevo, el devoto lloró de devoción y amor. Más tarde, se dirigió a la cabaña del *darshan* y se sentó hasta las once, hora en la que Amma llegó. Cuando ella entró en la cabaña, vio al devoto sentado en un rincón, profundamente absorto en meditación. Como para hacerle saber que ella era consciente de todo lo que había ocurrido, exclamó: «¡Hijo mío!» y, acercándose a él, puso su mano derecha sobre la cabeza del devoto, que abrió los ojos y miró a Amma. Ella siguió allí, de pie, mirándole. Una luz extraordinaria iluminaba la cara de Amma. Uniendo las manos y derramando silenciosas lágrimas de felicidad, el devoto volvió a mirarla. Durante unos segundos, ninguno de los dos habló, pero pronto el silencio se rompió cuando el devoto estalló en llanto y se postró a los pies de Amma. Después de abrazar al devoto con afecto para expresarle su amor, Amma caminó hasta el lugar donde ella recibe a sus devotos y dio comienzo el *darshan* de aquel día.

Aquella tarde, Amma estaba sentada entre los cocoteros, conversando con los residentes del ashram. Uno de ellos, que era un buen *sadhak*, mencionó al devoto que había recibido el *darshan* de Krishna y Amma y dijo que él se sentía abatido por no haber tenido una visión parecida.

Amma le respondió, diciendo: «Hijo, no te compares con otros. Esto no es bueno para un *sadhak*. Un *sadhak* debería mirar en su interior; debería detectar sus propios errores y corregirlos. Tú tienes bastantes problemas de los que preocuparte y sobre los que trabajar. No te entristezcas pensando que nunca tendrás una experiencia así. Trata de sentirte feliz por él. Deberías pensar que él necesitaba esa visión y que por ello, Amma o el Señor Krishna se la concedieron. Piensa que se debió a sus prácticas espirituales y a su fe. No te desanimes. No creas que tú eres menos afortunado que él. Lo que a él le ocurre está destinado sólo a él. Y lo que ocurre en tu vida sólo te está destinado a ti y no tiene nada que ver con ninguna otra persona. La comparación lo estropeará todo. Cualquier cosa que ocurre en tu vida es el resultado de tus propios *samskaras*. Tus experiencias son sólo tuyas y no pueden repetirse en la vida de nadie más porque los *samskaras* de cada persona son diferentes. Lo que tú has recogido es distinto de lo que él ha recogido y las experiencias variarán de acuerdo con esto. Así pues, no tiene ningún sentido compararse y preocuparse puesto que no conseguirás más que perder el entusiasmo.

«Sentirte triste y pecador o que no eres apto porque no se te ha dado una experiencia así, no te va a ayudar en nada. Sólo contribuirá a que te cierres y destruirá cualquier posibilidad de vivir algo parecido. Por ello, abandona los pensamientos que te degradan y esfuérzate con ahínco, con determinación, para tener tu propia visión del Señor. Llegará, con determinación y amor.

«La comparación destruye todos tus dones y te hace más cohibido y menos eficiente. Una persona cohibida no es capaz de expresarse bien y pierde todo poder de creatividad. Alguien que se compara constantemente con otros no deja de pensar: '¡Oh, Dios mío!, ¿por qué no canto como él? ¡Me gustaría tanto pintar como ella! Debería hacer *tapas* como hace él.' Al pensar en lo que otros tienen, pierde su propio poder de expresión, sus dones se adormecen y, al cabo del tiempo, mueren. ¡Qué destino! Una persona así nunca llegará a ser ella misma ya que no corrige sus propios errores y, en consecuencia, no es capaz de mejorar. Siempre estará preocupada y disgustada con ella misma. Tal auto-desprecio puede incluso provocar una enfermedad mental. Como no está nunca feliz, no experimenta la verdadera alegría de la vida.

«Amma recuerda a un joven que llegó aquí en una ocasión. Había sido un buen cantante, tenía una hermosa y rica voz y había ganado el primer premio en un festival de música en la universidad. El mismo día que le concedieron el premio, uno de sus amigos le había tomado el pelo diciendo que por mucho que se esforzara o que le reconocieran, nunca llegaría a ser tan bueno como el famoso cantante de televisión, Jesudas. Estas palabras le hirieron profundamente, hasta tal punto, que, desde aquel día, dejó de cantar y nunca más volvió a hacerlo.

«Después de escuchar las palabras de su amigo, pensó: 'Lo que me ha dicho es verdad. No puedo cantar como él, y si no puedo cantar como Jesudas, ¿para qué cantar? Es mejor no hacerlo.' Esta comparación, este pensamiento, le sacudió la mente como un rayo. En aquel instante, debió sentir que era un inútil y, por ello, de repente, perdió todo interés por cantar. En verdad que era un buen cantante. Podía haber llegado a ser uno de los mejores. Sin embargo, un pensamiento momentáneo, una comparación desgraciada destruyó cualquier posibilidad de crecimiento.

«Así que ya veis, la comparación puede llegar a ser muy destructiva y obstaculizará vuestro progreso espiritual. Puede obstruir toda posibilidad de crecimiento mental e intelectual. Puede causar depresión o una enfermedad mental grave. Hijos, puede afectar a todos los aspectos de la vida. Tened en cuenta que no podéis ser otra persona ni nadie puede ser vosotros. Uno sólo puede ser él mismo. La comparación destruye vuestra personalidad y os pone en ridículo delante de los demás. Un buscador espiritual nunca debería compararse a sí mismo ni sus experiencias con las de otro. Por ello, un *sadhak* no debería revelárselas a nadie. Antes de alcanzar la Auto-Realización, las experiencias espirituales pueden variar. Puede que nunca recibáis un *darshan* como lo hizo otra persona. E, incluso si así ocurre, será distinto. Algunas personas pueden sentir paz y felicidad en su interior pero es posible que nunca contemplen la forma de un dios o diosa. Puede que algunos sólo vean un resplandor o un puntito de luz. Siempre es distinto. Personas que son distintas no pueden tener las mismas experiencias. Estas sólo ocurren de acuerdo a la constitución mental única de cada individuo, el camino que sigue, la cantidad de esfuerzo que pone y los *samskaras* que ha heredado de vidas anteriores. Lo que ahora estáis experimentando no es un comienzo; es la continuación del pasado. Así mismo, debéis recordar que el gurú da sólo aquello que es necesario y que, cualquier cosa que os da, es para vuestro bien. El gurú no es parcial. Si os disgustáis pensando que el gurú es parcial, que da más a otros que a vosotros mismos, el problema está en vuestro interior. Lo juzgamos todo tanto que no vemos esta verdad con ojos imparciales y objetivos.

«Hijos, por encima de cualquier otra cosa, la inocencia y el amor juegan un papel muy importante en el desarrollo de vuestra vida espiritual. La receptividad es fundamental para la vida espiritual. Un discípulo o un devoto deberían estar siempre receptivos.

El niño interior

«Amma, ¿qué significa estar receptivo? ¿Cómo se puede ser receptivo?» preguntó un devoto.

«La receptividad llega cuando hay amor en nuestro interior,» respondió Amma. «El amor os ayuda a estar abiertos como un niño. El amor os hace ser inocentes como un niño. Los niños son las personas más receptivas. La receptividad es el poder de creer, de tener fe, es la capacidad de aceptar amor. Es el poder que evita que la duda os acose. La receptividad permite aceptar las experiencias de la vida sin reaccionar ante ellas.

«La receptividad os convierte en personas sencillas. Una persona receptiva es como un inocente niño. Si queréis estar más cerca de Dios, tratad de ser como niños. El mundo de los niños está lleno de asombro, imaginación y juego. A medida que os hacéis mayores, esa mirada de asombro desaparece de vuestros ojos y ya nunca más jugáis, ni creéis. Al igual que muchos adultos, tan sólo dudáis.

«¿Habéis observado a los niños mientras juegan? Son capaces de imaginar que un montoncito de arena es un enorme castillo. En un momento, la blanca arena es azúcar y, al momento siguiente, se ha convertido en sal. Una cuerda con los extremos atados se convierte en un coche o autobús. Para ellos, una roca puede ser un trono y una hoja se convierte en un gran abanico. A veces, se imaginan que una larga rama de cocotero es una serpiente. Pueden creer en cualquier cosa. Si decís a un niño que la lluvia es el agua que cae cuando los seres celestiales que viven en el cielo lavan los platos, os creerán; un niño no dudará. Esta apertura, la capacidad de aceptar, es la receptividad. No penséis que Amma os está pidiendo que creáis en todo lo que la gente os cuenta. Ella sólo os pide que tengáis fe en las palabras del *Satguru* y en las palabras de los grandes santos y sabios que han realizado y experimentado el propósito esencial de la vida.

«A medida que envejecemos, perdemos todo entusiasmo y alegría. Nos secamos y entristecemos. ¿Por qué? Porque perdemos la fe y la inocencia. Os vendría muy bien pasar algún tiempo con niños. Os enseñarán a creer, a amar y a jugar. Los niños os ayudarán a sonreír desde el corazón y a recuperar esa mirada de asombro.

«Hay un niño dentro de cada uno. La inocencia y las ganas de jugar de un niño están dentro de todos los seres humanos. A las personas de todas las edades les gustan los cuentos para niños y, al escucharlos o leerlos, se invoca al niño que llevamos dentro. ¿A quién no le gusta jugar con niños de vez en cuando? Observad a un anciano de 90 años, mirad a un político o a un ministro, a un hombre de negocios o a un científico; todos se sentirán juguetones y libres cuando estén con un niño. Incluso un anciano se convierte en niño cuando está con sus nietos o su hijo más pequeño. Poniéndose a gatas, finge ser un elefante, hace castillos para los niños con una baraja de cartas, construye una cabaña para los más pequeños con hojas y ramitas. Poniendo a los niños sobre su rodilla, les dice que es un caballo.

«¿Por qué hace todo esto? ¿Sólo para complacer al niño, para hacerle feliz? No. Esa no es la única razón. Lo hace porque dentro de todos y cada uno de nosotros hay un niño escondido. En algún lugar de nuestro interior laten la alegría, la inocencia y la fe de un niño. Nos complace buscar al niño interior. Cuando éramos niños, no teníamos preocupaciones ni problemas. Al recordar esos días con amor, queremos regresar a ellos. Este deseo lo sienten todos los seres vivos.

«Hijos, el asombro y la admiración que sentisteis de niños no volverán nunca, a menos que juguéis de nuevo como niños. La inocencia está en vuestro interior, escondida en lo más profundo.

Tenéis que redescubrirla y para que esto ocurra, debéis profundizar cada vez más en vuestras prácticas espirituales. Cuando seáis capaces de sumergiros en las profundidades de vuestra propia coscencia, realizaréis la inocencia. En ese momento, descubriréis al niño que lleváis dentro. Experimentaréis la inocencia, la alegría y la capacidad de asombro que estaban escondidas en vuestro interior y os daréis cuenta de que siempre estuvieron ahí. Simplemente, os olvidasteis de vuestra inocencia por un tiempo. Lo mismo ocurre cuando, de repente, recordáis algo después de haberlo olvidado durante mucho tiempo. Esa inocencia infantil que se encuentra en lo más profundo de vuestro interior es Dios.

«Hijos, os voy a contar una historia. Dios decidió crear la Tierra. Su propósito era el de proporcionarse a Sí Mismo un lugar donde vivir. Así que, tan pronto como hubo creado esta hermosa tierra llena de árboles y plantas, valles y montañas, Dios empezó a vivir aquí. Todo era perfecto y Dios llevaba una existencia feliz y dichosa. Pasaron los años, hasta que Dios cometió un error: creó a los seres humanos. Desde aquel día en adelante, hubo problemas. Noche y día, los seres humanos se quejaban a Dios. No importaba lo que Dios estuviera haciendo; tanto si dormía como si comía, los humanos se acercaban a llamar a su puerta.

«Las interminables quejas lo volvían loco. Dios perdió la paz mental. No había terminado de resolver un problema, cuando surgía otro. La solución que había dado a la primera persona se convertía en el problema de una segunda. Si uno quería que lloviese y Dios se lo concedía, otra persona se quejaba: 'Dios, ¿cómo me puedes hacer esto a mí? Tengo la casa llena de goteras. Mis cultivos se han echado a perder.' Todo se convertía en un problema. No importaba lo que Dios hiciera; la gente se quejaba.

«Al cabo de un tiempo, Dios pidió a sus consejeros que le sugirieran una salida. Una de las sugerencias fue que Se fuera al Himalaya. Pero Dios dijo: 'No, no. La gente pronto iría allí.'

'¿Y a la luna?' sugirió otro consejero. 'Enseguida el hombre se las ingeniaría para llegar allí,' respondió Dios.

«'Vosotros, queridos amigos, no podéis ver el futuro,' siguió diciendo Dios. 'Pero yo sí. Da igual dónde vaya, los hombres acabarán sabiéndolo. Me seguirán y de nuevo tendré problemas.' «Todos permanecieron callados después de escuchar esto. Después de un rato, un consejero de avanzada edad dio un paso al frente y Le susurró algo a Dios en el oído. El rostro de Dios se iluminó. '¡Maravilloso!' exclamó.

«El anciano había sugerido un escondrijo perfecto para Dios. 'Ve y escóndete en lo más profundo de su ser,' fue la sugerencia del sabio.

«'Sí, es perfecto.' Fue la respuesta de Dios. 'A los humanos nunca se les ocurriría buscarme en su interior. Seguro que ahí no me encontrarán.'

«Hijos,» prosiguió Amma, «Dios está en lo más profundo de nuestro ser. Él habita ahí como inocencia, como puro e inocente amor. En la actualidad, esa inocencia está cubierta por la mente y sus sentimientos egoístas. Pero siempre está ahí; sólo que la habéis olvidado. Debéis profundizar en vuestro interior; debéis redescubrir y recordar.»

«Amma, ¿cómo se logra recordar?» preguntó el mismo devoto.

«A veces, cuando intentáis recordar algo, una palabra o un nombre, lo tenéis en la punta de la lengua. Sabéis que está ahí, pero todavía no lo recordáis. Mientras camináis de arriba abajo, pensáis en ello. Sentados en el cuarto de estar, intentáis recordar la palabra, que sigue en vuestra cabeza cuando os levantáis para iros a dormir. Pero no ocurre nada y os inquietáis. Os estiráis del pelo, os rascáis la cabeza. Tratáis de recordar, pero todos vuestros esfuerzos resultan inútiles. Después de pelear así durante un tiempo, lo dejáis, os rendís y enseguida os olvidáis de la palabra que tanto habéis querido recordar. Incluso os olvidáis del esfuerzo que habéis hecho. Más tarde, cuando salís a relajaros un rato y disfrutar de un poco de tranquilidad, os acordáis de la palabra de repente. Sólo cuando habéis dejado de esforzaros, recordáis la palabra. Cuando trabajáis duro durante el día, a la noche dormís de maravilla. De igual manera, cuando no os preocupasteis por recordar, la mente llegó a tranquilizarse. En ese estado de relajación y quietud, el recuerdo emergió sin esfuerzo.

«Así mismo, después de hacer *sadhana*, debéis esperar a que todo se asiente y penetre. Debéis alcanzar un estado de total olvido. Cuando os tumbáis en la cama, no hacéis un esfuerzo consciente por quedaros dormidos; simplemente, esperáis a que llegue el sueño. No pensáis ni en el pasado ni en el futuro. Os arrojáis a los brazos del sueño. Abandonáis todo tipo de control y, sin esfuerzo alguno, os deslizáis hasta el sueño. De igual manera, debéis olvidaros del objetivo y de todo el esfuerzo que habéis hecho para conseguirlo. Debéis olvidar la Auto-Realización y las prácticas espirituales que habéis realizado para alcanzar el fin supremo. No penséis: '¡Oh, qué pena! ¡Después de tanto *sadhana*, no he progresado nada!' Esos pensamientos también pueden obstaculizar vuestro camino hacia el fin supremo. No deberíais quejaros ni pensar. Pensar sólo os dificultará el camino. Por lo tanto, manteneos en calma. Relajaos, tanto interior como exteriormente. No podéis predecir cuándo llegará la Gracia; tan sólo esperad. Puede llegar en cualquier momento y lugar. Depende de Dios o del gurú. Es el *Satguru* quien decide cuándo derramar la Gracia sobre el discípulo. Entonces, llegado el momento, ocurre de repente: os convertís en niños inocentes, totalmente conscientes.»

El niño conscientemente inocente

En ese momento, Takkali, la hija de 7 años de Srikumar, llegó con sus abuelos a ver a Amma. Aunque en realidad su nombre era Sheeja, Amma la llamaba 'Takkali', que significa tomate, y todo el mundo comenzó a llamarla así. Al ver a la niña, Amma exclamó: «¡Vaya! ¡Cómo has crecido! Ven aquí, siéntate al lado de Amma.» La muchacha se acercó hasta Amma y se sentó a su lado. Amma sostuvo su mano con cariño y besó a la niña en la frente. Dirigiéndose a Balu, Amma preguntó: «¿La conoces?» Balu dijo: «Claro que la conozco, Amma.» Amma abrazó con fuerza a Takkali y, señalando a Balu, le preguntó a la muchacha: «¿Le conoces?» «Sí,» respondió ella,» es Balu-annan (el hermano mayor Balu).»

Entonces, Amma pidió a la muchacha que cantase. Cerrando los ojos, Takkali cantó *Orunalil nyan en*.

Algún día veré a Krishna,
Oiré su melódica canción.
Mi querido Krishna vendrá
Y se pondrá delante de mí
Presionando suavemente su flauta
Contra sus hermosos labios.

Ese día, el propósito de mi vida
Se habrá realizado.
Me inundará la Felicidad
Sobre la más elevada cima de la devoción extática.
Bailaré de Divina Felicidad.

¡Oh, Sustento del Universo!
¿No eres tú el Señor, la Fuente de todo Ser?
¡Oh, Dios, déjame verte
Sin demora!

Cuando Takkali terminó de cantar, Amma la abrazó y besó con mucho cariño. Era obvio que Amma estaba encantada, y sonreía con ternura a todos los allí presentes, mientras alababa el canto de la niña y su dulce inocencia. Al ver a Amma jugando con la pequeña Takkali, uno de los *brahmacharis* formuló una pregunta: «Amma ha dicho antes que, un día, todos llegaremos a ser conscientes niños inocentes. ¿Cómo es posible? ¿Qué quiere decir esto?»

«Hijos,» dijo Amma, «un niño pequeño no es consciente de su inocencia. Su naturaleza inocente es inconsciente. Un niño pequeño es pureza absoluta; habita en el estado de la pureza antes de que se manifiesten las impurezas. Sin embargo, pronto, esa pureza e inocencia infantiles serán sustituidas por la ignorancia y la impureza. La vida de la admiración y alegría, imaginación y fe que vemos en un niño es muy corta. Mientras el niño sea niño, su inocencia está ahí. Pero los niños cambian. Incluso la mente de un niño está limitada por el tiempo y el espacio, por lo tanto, el tiempo transforma hasta a un niño. Así, poco a poco, el niño inocente cae en las garras del ego. El ego que no se había manifestado y las tendencias acumuladas de vidas pasadas aparecen poco a poco y la inocencia del niño se desliza a un estado no manifiesto.

«En un adulto, la inocencia duerme mientras que su ego está en flor. A medida que el ciclo kármico gira, a cada alma individual le llegará la hora de nacer de nuevo. Cuando el *jiva* sale del útero como un niño, la inocencia que permanecía dormida o sin manifestarse se manifiesta de nuevo, pero retrocederá en cuanto el ego irrumpa en el exterior. Este círculo alternante en el que el ego se manifiesta y la inocencia retrocede y viceversa, continúa hasta que nos volvemos a Dios y el ego es eliminado de raíz. Cuando el ego ha sido eliminado por completo, nos transformamos en un ser conscientemente inocente; eternamente inocente. Hasta que esto ocurra, tendremos que experimentar el estado de ser un niño inconscientemente inocente a través de incontables vidas; es decir, naceremos una y otra vez como un niño que no es consciente de su inocencia.

«Mientras que la inocencia de un niño tiene una corta duración, un *Mahatma* es eternamente inocente. El niño no ha realizado esta inocencia, mientras que el *Mahatma* ha realizado con plenitud su naturaleza pura e inocente. Podemos ver a Dios en un niño, pero el niño no es Dios. Un *Mahatma* es Dios. Un *Mahatma* vive en la Suprema Conciencia. Está más allá del ciclo de la vida y la muerte. Posee la fuerza y el apoyo de su realización. Está totalmente despierto y es plenamente consciente de su estado de realización. Un niño no ha despertado a la conciencia y no ha realizado su naturaleza pura. Todavía se encuentra profundamente dormido en lo que a ese estado respecta. ¿No es esta una gran diferencia? Con el término 'inocencia consciente' Amma se refería al estado de Auto- Realización de un *Mahatma*.»

Las palabras de Amma habían penetrado en lo más profundo de los corazones y las mentes de quienes allí se encontraban y, un buen rato después de que ella hubiera terminado de hablar, todos seguían tranquilamente sentados. Tras mirar brevemente a cada persona, la mirada de Amma se detuvo en *brahmachari* Pai al que pidió que cantara *Kattutta Sokamam*.

No me dejes caer en este oscuro foso de dolor.
Ni soy un erudito
Ni nací bajo una buena estrella.
Oh, Madre, aunque sepas esto,
No me sonrías y te alejes
Cuando fijo con intensidad mis pensamientos en ti.

Oh, Encarnación de la Compasión,
Libérame de mi ignorancia
Y concédeme la pura inteligencia.
Aún entre los placeres mundanos,

Nunca estoy feliz.
Siempre te estoy observando,
Oh, Gobernante de todos los mundos.
Dadora de la verdadera grandeza,
Enciende la lámpara de la visión equitativa
Dentro de mi más profundo Ser.

Oh, Madre,
El ruiseñor de mi mente
Ha volado hasta tus Pies de Loto.
Para impedir que se vaya,
Por favor, cierra tus pétalos y envuélvelo.
Oh, tú, que eres más grande que los grandes,
Deja que me sumerja en lo más profundo
Para disfrutar de tu Néctar de Felicidad.
Oh, Quintaesencia de los cuatro Vedas,
Me postro ante ti.

Tu corriente de Amor fluye hacia mí
En forma de furia.
Tu aterradora risa
Es como una amable sonrisa para mí.
Al comprender la naturaleza irreal
De este mundo de ensoñación,
Lo he abandonado.
Nunca me separaré de ti,
Que has derramado tu nectarina Gracia sobre mí.

Perdonar y olvidar

Miércoles, 2 de octubre de 1984

Durante el *darshan* de esta mañana una devota se ha quejado ante Amma de su marido. Ha descrito con todo detalle lo poco que coopera y su falta de cariño. Ha dicho que quería dejarle porque la situación se le hacía insoportable.

Enjugándole las lágrimas, Amma le ha dicho: «Hija, es difícil evitar las situaciones problemáticas. No eres la única que tiene estos problemas. En todas partes del mundo, la gente sufre tu misma situación. Si intentas huir de ella, otra situación difícil te estará aguardando; no importa dónde vayas o qué elijas hacer con tu vida, los problemas surgirán. Podría ser peor, lo sabes. Nunca estarás en paz ni serás feliz si no tienes paciencia y humildad. La vida en familia se hará insoportable mientras sus miembros carezcan de estas virtudes. Hoy en día es muy difícil encontrar una familia en la que tanto el esposo como la esposa sean pacientes; pero uno de ellos, o él o ella, deberían ejercer la paciencia. En la mayoría de los casos, ambos son 'pacientes sin paciencia', pero a menos que haya un equilibrio, a menos que haya un poco de paciencia por ambos lados, será imposible alcanzar una vida familiar armoniosa.

«Los seres humanos tienden a huir de las situaciones difíciles. Creéis que ello os salvará o que os ayudará a deshaceros de vuestro dolor. Es posible que paséis a otra situación que esperáis sea más cómoda. Al principio, puede que os sintáis de maravilla y en paz, después de haber hecho el cambio. No os dais cuenta de que, simplemente, estáis corriendo hacia otro problema. Si vais a vivir con vuestros padres, parientes o amigos, nada más llegar, se os recibirá con cariño. Ellos mostrarán simpatía y amor por vosotros en todo lo que digan y hagan. Os abrazarán y llorarán; intercambiaréis promesas y os humedeceréis los hombros de lágrimas.

«Pero después de unos días, o en una semana, dos como mucho, la situación cambiará. Esto ocurrirá porque cuando huisteis de la situación anterior no abandonasteis el ego, este os siguió. Lo llevasteis con vosotros y, con él, toda vuestra impaciencia y falta de humildad. Así que, tras una breve estancia en el nuevo lugar, se empieza a manifestar la negatividad. Empezáis a sacar faltas a alguien de la familia o a la situación en la que os halláis. Perdéis la paciencia con vuestro padre o madre, con un hermano o hermana, con un amigo, y ellos reaccionan, porque también ellos tienen sus propios *vasanas*. No soportan vuestra impaciencia ni desobediencia. Pronto os daréis cuenta de que habéis ido de un problema a otro y de que es posible que la nueva situación sea incluso peor que la que abandonasteis. Cuando estabais junto a vuestro esposo, por lo menos este no os echaba de casa. Tras una discusión, solía arrepentirse y llegaba la reconciliación. Pero ahora, es posible que vuestros parientes o amigos os pidan que os vayáis. Y lo único que habéis ganado con todo esto es más resentimiento, más frustración y más sentimientos negativos.

«Hija, tanto si vives en familia como sola, no alcanzarás ni felicidad ni éxito sin la capacidad mental de adaptarte a cualquier situación. Este es uno de los principios más básicos de la vida. Es posible que pienses que para ser feliz tienes que vivir sola, pero incluso entonces, tendrás problemas. Mientras seas presa de los prejuicios y las ideas preconcebidas, no te liberarás de las dificultades de la vida.

«Sin embargo, deshacerse del ego no es tarea fácil. Hija, crees que tu marido no coopera y que no te ama. Pero debe haber habido épocas en las que él se mostraba cariñoso y ayudaba en casa. Amma no puede creer que siempre sea tan malo. Si es como tú dices, debe ser un monstruo.»

Amma se detuvo un instante y contempló la cara de la mujer. Esta respondió: «No, por supuesto que no lo es. A veces es muy dulce y cariñoso.»

Con una sonrisa, Amma volvió a preguntar a la mujer: «¿Cómo te sentías cuando él se mostraba tierno y cariñoso?» La mujer se ruborizó y contestó: «Me sentía cómoda y feliz. También yo era cariñosa con él.» «¿Y cuándo se mostraba insensible y difícil?» quiso saber Amma. «Me enfadaba y distanciaba,» respondió la mujer.

Con una sonrisa traviesa, Amma prosiguió: «Hija, esas reacciones y sentimientos son normales. Por naturaleza, los seres humanos tienen estos sentimientos los unos a los otros. Sin embargo, deberías intentar respetar y admirar las buenas cualidades de tu esposo. Cuando él no se muestra cariñoso ni coopera, tú reaccionas, ¿no es cierto? ¿Y no ha habido veces en las que tú empezaste la pelea?» La mujer bajó la cabeza. No tenía nada que decir.

Amma continuó: «Así pues, tú reaccionas ante él. No te preocupes, no pasa nada. Pero, en esos momentos, en lugar de reaccionar, procura escuchar con paciencia, procura mantener la calma. Más tarde, cuando él esté de buen humor, cuando tengas una oportunidad, puedes hablarle con mucho amor. Entonces, él escuchará y comprenderá porque su mente estará en calma. No le lances tus ideas cuando está enfadado pues no te escuchará. Aprende a quedarte callada en esas ocasiones; no escuches a tu ego. Cuando él se haya ido de casa, siéntate en la sala de meditación o en un lugar tranquilo donde puedas meditar y pensar profundamente.

«Mientras estés allí, recuerda todo el incidente. Trata de recordar cómo empezó la pelea. Si comenzó cuando le insististe en que hiciera algo y él se negó, deberías intentar recordar alguna vez en la que te compró algo o te hizo un favor en cuanto se lo pediste. Recuerda lo agradable que estaba entonces. Piensa en otra ocasión en la que fue paciente y compasivo cuando tú te mostraste impaciente y ruda. Recuerda las noches que pasó en vela a tu lado cuando te hospitalizaron. Intenta valorar el amoroso cuidado y las palabras de consuelo que tanto te ayudaron en aquellos momentos. Tenía que trabajar todo el día y, aún así, se tomó tiempo y molestias para que te sintieras feliz y cómoda. Piensa en unas cuantas ocasiones en las que intentó hacer las paces después de que discutierais por una tontería. Así mismo, recuerda lo enfadada e impaciente que te mostraste durante todo el incidente y qué desagradable fuiste al dirigirte a él.

«Si tienes en cuenta estos recuerdos, sin duda, te sentirás mejor. Esos momentos de soledad te permitirán ver el incidente con mayor claridad y comprensión. Es posible que sientas remordimientos por tu dureza e impaciencia. Para cuando tu esposo regrese a casa por la tarde, estarás preparada para mirarle a la cara y recibirle con una gran sonrisa. Primero, le ofreces una buena taza de café y, mientras lo bebe, le pides perdón por cómo te comportaste a la mañana. Después, le preguntas si se le ha pasado el dolor de cabeza que tenía. Suponte que dice: 'No, todavía me dura.' Entonces, coges un poco de bálsamo y se lo frotas por la frente y, a continuación, le preguntas, con mucho amor, cómo le ha ido en la oficina. Intentas consolarle si su jefe fue duro con él.

«Tu esposo te mirará anonadado: '¿Es esta la misma mujer con la que me he peleado a la mañana?' Incluso se derretirá el resentimiento o la rabia que pudo haber sentido. Su actitud cambiará. Lleno de remordimiento, pedirá perdón por su conducta. Y ahí tendrás la oportunidad de explicarle todo lo que quieras. Puedes decirle cualquier cosa, que él te escuchará con interés. Entonces, te dirá lo que quiera decir y tú le escucharás con mucha atención. Así, lo que comenzó como una pelea se transformará en un gran acontecimiento. Se convertirá en una oportunidad para reconciliarse y compartir. Os sentiréis llenos de mutuo amor, felices y relajados.

«La vida de casados no es ninguna broma. Es algo que debería tomarse muy en serio. Las relaciones pueden llegar a ser un camino hacia Dios, hacia la libertad y paz eternas, siempre que tengáis la actitud adecuada. No penséis en separaros enseguida cada vez que os sintáis incómodos. Luchad por adaptaros. Tened paciencia, no una ni dos, sino muchas veces.

«Los seres humanos son muy impacientes. Pero Dios es inmensamente paciente y cuidadoso con su creación. La impaciencia destruye. Pensad en la advertencia que veis en las señales de tráfico: 'La velocidad mata.' La velocidad es impaciencia. Los seres humanos son impacientes, siempre tienen prisa. A veces, es necesario darse prisa; pero la mayoría de las veces, mata. Cuando deis un medicamento a alguien que está enfermo, no os apresuréis. Aunque la medicina deba administrarse enseguida, aunque se trate de una emergencia, no os apresuréis. Si lo hacéis, en ese estado de agitación, puede que vuestras manos tiemblen al poner el agua en la boca del enfermo para que trague las pastillas. Os podéis equivocar y meterle el agua en la nariz, lo cual creará problemas. Con la prisa, le podéis dar al paciente demasiada medicina o incluso la que no era. Tened paciencia. La verdadera vida es amor. Cuando amáis, no podéis apresuraros. Debéis tener paciencia.

«Mirad cuánto cuidado y paciencia derrama Dios sobre su creación. Puede que una diminuta flor no dure más de un día. Pero, aún así, Dios es cuidadoso y paciente con ella, proporcionándole el agua y calor que necesita para florecer. Para que un huevo se abra o nazca un niño, se necesita mucha paciencia y cuidado. Hacen falta nueve largos meses de nutrición antes de que nazca el niño. Dios no tiene ninguna prisa.

«Pensad en el sufrimiento que vuestra madre soportó cuando estuvisteis en su vientre durante nueve largos meses. Ella cargó

226

con vosotros sin quejarse y, llena de felicidad, aguantó la incomodidad y el dolor. Ella fue capaz de hacerlo porque sabía que el dolor desaparecería en cuanto os viera, en cuanto viera la hermosa cara de su bebé. Hija, deberías soportar el dolor con paciencia pensando en la vida tan armoniosa y pacífica que tendrás si lo haces. No importa quién tenga la culpa. A veces, será tu marido y, otras veces, serás tú. Pero, sea quien sea el responsable, intenta hacer lo que Amma te ha dicho, y a ver qué ocurre.

«Practicad el perdón. Si todavía tenéis dificultades en una relación, aún a pesar de haberos esforzado mucho, considerad que es vuestro destino, vuestro karma. Llegados a este punto, lo soportaréis, aceptando que las dificultades son vuestro *prarabdha*. Si la situación se os hace insoportable, tal vez podáis pensar en la separación o el divorcio. Pero, antes de llegar ahí, desempeñad bien vuestro papel. Esforzaos para ver, al menos, si la relación puede funcionar o no. Si permitís que se rompa cometeréis un error imperdonable. Es un pecado y tendréis que pagar por ello.»

Amma miró a la mujer llena de compasión. Estaba llorando de nuevo, pero, esta vez, eran lágrimas de arrepentimiento. Se había dado cuenta de su error. Con las lágrimas, pidió a Amma que la perdonara por sus faltas. El remordimiento que sentía se reflejaba en su voz: «Ahora comprendo que yo también tengo culpa y no sólo por hoy, sino siempre. Yo también soy responsable de nuestros conflictos. Yo soy la que los desencadenó. Si me hubiera quedado en silencio y actuado como Amma me ha aconsejado, esto no habría ocurrido. Amma me ha abierto los ojos. De hoy en adelante, intentaré hacer todo lo que pueda para controlarme y callarme en esas ocasiones. Actuaré tal y como Amma me ha indicado.»

«Hija,» dijo Amma, «ante una situación parecida, si puedes pararte un momento y tener paciencia, tus problemas se resolverán con facilidad. Pero reaccionamos por costumbre. Cuando nos sale la rabia, no nos detenemos para ver con claridad; no sabemos esperar. En medio de una situación desagradable, ¿puedes observar lo que está ocurriendo? ¿Eres capaz de dejar de pensar que alguien te está insultando y maltratando? ¿Puedes olvidarte de que te están tratando injustamente y dejar partir el deseo de hacer algo al respecto? No abuses. No reacciones. Intenta darte cuenta de que el verdadero problema no es lo que está ocurriendo sino cómo estás reaccionando. Cuando veas que vas a reaccionar mal, detente. Deja de hablar. Dile a tu mente: 'No, no digas nada ahora. Ya tendrás una oportunidad para presentar el asunto de forma más efectiva. Pero, ahora, cállate.'

«Durante esta pausa, trata de pensar en algo positivo, algo que eleve, algo dulce, algo inolvidable para ti. Intenta recordar un acontecimiento agradable. Centra toda tu energía y pensamientos en ello. Si logras hacerlo, no te molestarán ni enfadarán las ridículas palabras ni la insoportable cara de la otra persona.

«Si puedes, intenta que esta pausa dure cada vez más. Siempre que te sientas un poco enfadada o disgustada, experimenta. Para empezar, escoge alguna tontería a la que estés acostumbrada a reaccionar. Por ejemplo, digamos que tu marido suele golpear la mesa con los dedos cuando está absorto en sus pensamientos y a ti se te hace insoportable. En vez de decir algo, imagina que son gotas de lluvia cayendo sobre el tejado. Entonces, recuerda alguna vez en la que tú y tu marido os visteis atrapados en la lluvia y juntos corristeis a refugiaros bajo una marquesina. En lugar de enfadarte o disgustarte, deja que tu imaginación y tus recuerdos te lleven a un estado positivo, incluso, cariñoso.

«A su debido tiempo, cuando hayas aprendido a superar estas situaciones que te provocan, podrás, poco a poco, comenzar a poner a prueba tu experimento en situaciones más serias y molestas. A medida que practiques, verás que estás cambiando y ya no reaccionarás. Sólo responderás. Experimentarás mucha más paz y alegría en tu matrimonio y en tu vida familiar en general. Tu cambio de actitud y la paciencia que muestres también crearán un cambio positivo en los demás.

«Cuando tu marido vea que ya no reaccionas, cuando se dé cuenta de que ya no aceptas sus insultos y su furia, de que ya no te afectan, se sentirá avergonzado. ¿Qué ocurre cuando un soldado descubre que sus armas ya no son efectivas ni poderosas? Las tira. De igual manera, cuando tu esposo vea que sus armas, las palabras que profiere contra ti, ya no te hieren, las abandonará y se callará. Además, le tratarás con más afecto y cuidado. Este es un gran regalo. Tus sonrisas y atenciones amorosas, tus cuidados y palabras de consuelo actuarán como un bálsamo para él y le aliviarán. Olvidará todo: su rabia, sus fallos y cualquier resentimiento que haya abrigado. Cuando después de haber trabajado duro todo el día y de que el jefe le haya regañado, vuelva a casa con la cabeza llena de problemas, entrégale ese regalo (a él o a ella, no importa si es el esposo o la esposa quien muestre esta actitud), él o ella se convertirá en tu mejor amigo y admirador. En la relación se desarrollarán un gran amor y preocupación. Por lo tanto hija, antes de enfadarte, haz una pausa, espera y sé paciente.

«Amma os va a contar una historia. En una ocasión, un profesor había sido invitado a dar un discurso. Él no había preparado bien el discurso y, por lo tanto, su disertación no fue muy buena. Unos días más tarde, recibió una carta de alguien que le había escuchado. La carta decía lo siguiente: 'Estimado señor, si no es usted muy entendido en el tema, sería más juicioso no hablar antes que dar ideas falsas y crear una mala impresión en su público.' La carta la firmaba una mujer.

«Después de leer la carta, el profesor se enfureció. Se sentó de inmediato ante su máquina de escribir y tecleó una respuesta feroz y agresiva a aquella crítica, seleccionando las palabras más duras. En cuanto terminó, fue a echarla, pero ya habían recogido el correo de aquel día. Así que dejó la carta y, cuando la vio sobre su mesa a la mañana siguiente, pensó: 'Tal vez no he sido muy amable con esta persona. Voy a leerla de nuevo antes de echarla al correo.' La abrió, la leyó y se sorprendió al ver que había reaccionado con extrema dureza. Se dijo a sí mismo: 'La verdad es que no es una carta muy amable. Definitivamente, no puedo enviarla tal y como está.' Entonces, se sentó y escribió otra que, aunque contenía expresiones e imágenes más suaves, seguía siendo abusiva.

«Cuando estaba a punto de enviar la segunda carta, pensó: 'Veamos, voy a releer esta carta. Tal vez el tono no sea el adecuado todavía. Si mi actitud cambió tanto en unas horas, es posible que todavía pueda cambiar.' Así, después de volver a leer la carta y ver que el tono seguía siendo demasiado severo, escribió otra. Sin embargo, no acababa de sentirse satisfecho. La modificó y la volvió a escribir unas cuantas veces más hasta que, al final, la había transformado en una carta de amor. En ella, el profesor reconocía sus errores y estaba de acuerdo con la mujer. Incluso, le alabó que ella le hubiera señalado los inconvenientes. 'La gente como usted es realmente útil. Le estoy muy agradecido,' escribió. 'Si no está casada, me gustaría pedirle que fuera mi esposa. Esperando con ilusión una respuesta positiva, suyo afectuosamente.'

«El veneno que el profesor emitió al principio se transformó en néctar. A veces, podéis tomar una decisión errónea o juzgar a alguien de manera equivocada o actuar sin discernimiento. Pero, si sois capaces de hacer una pausa, esperar con paciencia y considerar la cuestión, no os meteréis en problemas. Esto es lo que ganáis si tenéis paciencia y consideración. Por ello, hija, ten paciencia y considera bien las cosas antes de actuar. Amma está contigo. No te preocupes.»

En ese momento, la mujer cayó en el regazo de Amma. «Amma, ¡perdóname por mis errores!» dijo llorando. «¡Perdóname! Voy a intentar no repetirlos de nuevo. Perdóname.» Amma consoló a la mujer y le ayudó a calmarse expresándole todo su amor y compasión. Antes de que se fuera del ashram unos minutos más tarde, la mujer estaba en paz y sonreía abiertamente, una clara señal de que había soltado su dolor.

En los Lalita Sahasranama, se adora a Devi como Tapatra-yagni-samtapta-samah-ladana-chandrika, que significa 'la luz de luna que alegra los corazones de aquellos atormentados por el fuego de la miseria.' Se explica que esta miseria está causada por los órganos de los sentidos, tanto los internos como los externos, por el mundo objetivo del que son mediadores y por los poderes sobrenaturales que están más allá del mundo visible. Este mantra también se puede aplicar a una Gran Alma como Amma, quien es la encarnación de Devi o de la Madre Divina. Por medio de sus compasivas y tranquilizadoras miradas, de sus profundas palabras y su toque divino o, por medio de su mera presencia, Amma otorga esta bendición de sanar los corazones humanos. Únicamente un Maestro Realizado que ha alcanzado el estado de Perfección puede salvar a los seres humanos de esta triple miseria. Un ser de estas características puede, por sí mismo, dar reposo y consuelo a los afligidos por sufrimientos que provienen del nacimiento, la ancianidad y la muerte.

Glosario

Adharma: Deshonestidad, pecado, opuesto a Armonía Divina.

Agamas: Escrituras.

Ammachi: La Madre. Chi es una palabra que indica respeto.

Anooraniyaan mahatomahiyan: Palabras sánscritas que quieren decir «el más sutil entre los sutiles, el más grande entre los grandes». Se emplea para describir a Brahman, la Realidad Suprema.

Arati: Círculos que se describen con el alcanfor ardiendo, el cual no deja residuos, mientras se hace sonar una campanilla al finalizar la puja (adoración). El arati representa la total aniquilación del ego.

Archana: Una variedad de culto que consiste en repe-tir los cien, trescientos o los mil nombres de la deidad.

Arjuna: El tercero de los Pandavas y un gran arquero.

Ashramam: Ermita o residencia de un sabio.

Atma(n): El Ser.

Atma bodha: Auto-Conocimiento o Auto-Conciencia.

Avadhuta: Un Alma Realizada que ha trascendido todas las convenciones sociales.

Bhagavad Gita: Las enseñanzas del Señor Krishna a Arjuna al comienzo de la guerra Mahabharata. Es una guía práctica para la vida cotidiana de una persona normal. Es la esencia de la sabiduría Védica. Bhagavad significa «del Señor» y Gita «canción», en concreto, un consejo.

Bhagavatam: Libro sobre las encarnaciones del Señor Vishnu, en especial, Krishna y sus travesuras de niño. Sostiene la supremacía de la devoción.

Bhagavati: La Diosa de seis virtudes, es decir, la pros- peridad, el valor, los buenos augurios, el conocimien-to, el desapego y el señorío.

Bhajan: Canto devocional.

Bhakti: Devoción.

Bhava: Estado.

Bhava darshan: Ocasión en la que Amma recibe a los devotos en el estado de exaltación de la Madre Universal.

Bhoga: Placer.

Bhrantan: Apariencia de loco. Alude a la naturaleza de algunas Almas Realizadas.

Brahman(m): El Absoluto, la Totalidad.

Brahmachari: Alumno célibe de un gurú.

Brahmacharya: Celibato.

Dakshina: Ofrenda reverencial en forma de dinero o en especie.

Darshan: Audiencia que concede una persona sagrada o una deidad.

Deva(ta): Semidios, ser celestial.

Devi: La Diosa.

Devi bhava: Estado Divino o de identificación con la Diosa.

Devi mahatmyam: Himno sagrado en alabanza a la Diosa.

Dharma: Rectitud, en concordancia con la Armonía *Divina.*

Dhritharasthra: Rey ciego, padre de los Kauravas.

Duryodhana: Hijo mayor de Dhritharasthra, villano de la guerra Mahabharata.

Gita: Canción. Ver Bhagavad Gita.

Gopa(s): Muchacho(s) pastor(es), compañeros de Sri Krishna.

Gopi(s): Muchacha(s) pastora(s), conocidas por su *suprema devoción a Sri Krishna.*

Guru: Maestro espiritual/guía.

Guru paduka stotram: Himno de cinco estrofas a las sandalias del gurú.

Jagat: El mundo siempre cambiante

Japa: Repetición de una fórmula mística (mantra).

Jñana: Sabiduría espiritual o divina.

Kamsa: Tío demoníaco del Señor Krishna a quien este mató.

Kanji: Gachas de arroz.

Kanna: Nombre de Krishna.

Karma : Acción.

Kauravas: Los cien hijos de Dhritarashtra, enemigos de los Pandavas, quienes lucharon en la guerra Mahabharata.

Kindi: Recipiente metálico aflautado para agua que se suele utilizar para el culto.

Kirtan(am): Himnos.

Krishna: La principal encarnación del Señor Vishnu.

Lakshmana: Hermano del Señor Rama.

Lakshmi: Consorte del Señor Vishnu y Diosa de la *riqueza.*

Lakshya bodha: Atención y conciencia constante en el objetivo.

Lalita sahasranama: Los mil nombres de la Madre Universal en la forma de Lalitambika.

Lila: Juego divino.

Mahabharata: Gran epopeya escrita por Vyasa.

Mahatma: Gran Alma.

Mantra: Fórmula sagrada cuya repetición puede des-pertar las energías espirituales de cada uno y ayudan a obtener los resultados deseados.

Maya: Ilusión.

Mol: Hija. Mole es el vocativo.

Mon: Hijo. Mone es el vocativo.

Mudra: Signo realizado con la mano que indica verdades espirituales místicas.

Mukta: El Liberado.

Mukti: La liberación.

Namah shivaya: El Mantra Panchakshara (mantra de cinco letras) que significa «Saludos al que trae Buenos Augurios (Shiva).»

Om: Sílaba mística que representa la Realidad Suprema.

Pada puja: Adoración de los pies o sandalias del gurú.

Pandavas: Los cinco hijos del rey Pandu y héroes de la epopeya Mahabharata.

Prarabdha: Responsabilidades o cargas. También se refiere a los frutos de actos pasados que se manifiestan en la vida actual.

Prasad: Ofrendas consagradas que se distribuyen después de la puja.

Prema: Amor Divino, incondicional.

Puja: Adoración.

Rama: Héroe de la epopeya Ramayana. Encarnación de Vishnu y el ideal de rectitud.

Ravana: El malvado del Ramayana.

Rishi: Gran sabio o vidente.

Sad-asad-rupa dharini: Quien posee la forma de la existencia y la no existencia, un nombre de la Madre Divina.

Sadhak: Quien está dedicado a lograr el objetivo espiritual, quien practica sadhana (disciplina espiritual).

Sadhana: Prácticas espirituales.

Sahasranama: Himnos que consisten en los Mil Nombres de Dios.

Samadhi: Estado de absorción en el Ser.

Samsara: El mundo de la pluralidad, el ciclo del nacimiento y la muerte.

Samskaras: Tendencias mentales acumuladas por acciones pasadas.

Sankalpa: Resolución integral creativa que se manifiesta como pensamiento, sentimiento y acción. El sankalpa de una persona normal no siempre trae consigo frutos acordes con éste. El sankalpa de un sabio, sin embargo, siempre trae los resultados deseados.

Sannyasi(n): Asceta que ha renunciado a todas las ataduras mundanas.

Satguru: Maestro Espiritual Realizado.

Satsang: Estar en compañía del sabio y virtuoso. También, discurso espiritual de un sabio o un erudito.

Shakti: El aspecto dinámico de Brahman como la Madre Universal.

Shiva: El aspecto estático de Brahman como principio masculino.

Sishya: Discípulo.

Sita: Esposa de Rama.

Sloka: Verso sánscrito.

Sraddha: Fe. Amma utiliza esta palabra para referirse al trabajo hecho con vigilancia y atención amorosa.

Sri rama: Ver Rama. Sri es marca de respeto.

Srimad bhagavatam: Ver Bhagavatam. Srimad significa «de buen augurio».

Stenah: Ladrón.

Sutra: Aforismo.

Tablas: Variedad de tambor indio.

Tampura: Instrumento de cuerda que produce un sonido semejante a un zumbido, el «sruti» fundamental de la música india.

Tapas: Literalmente, «calor». La práctica de austeridades espirituales.

Tapasvi: Quien realiza penitencia o prácticas espirituales austeras.

Tapovan: Ermita, lugar propicio para realizar meditación y tapas.

Tattva: Principio.

Tulasi: Planta sagrada de albahaca a la que se adora como diosa.

Upanishads: Parte final de los Vedas que trata de la filosofía del No-dualismo.

Vasana: Tendencia latente.

Veda: Literalmente, «conocimiento». Las Escrituras autorizadas de los hindúes.

Veda vyasa: Ver Vyasa. Como él dividió el único Veda en cuatro partes, también se le conoce con este nombre.

Vedanta: La filosofía de los Upanishads que declaran la Verdad Esencial como «Uno sin un Segundo».

Vedantin: Seguidor de la filosofía Vedanta.

Vedic dharma: Interdictos sobre el modo recto de vivir tal y como lo prescriben los Vedas.

Vidyavidya svarupini: Nombre de la Divina Madre, que significa «cuya naturaleza es conocimiento e ignorancia».

Vishnu: El Todo-penetrante. El Señor del sustento.

Vishwarupa: La Forma Universal de Dios.

Vishweshwara: Señor del Universo.

Viveka: Raciocinio.

Vyasa: Sabio que dividió el único Veda en cuatro partes y compuso 18 Puranas así como el Mahabharata y el Bhagavatam.